人間関係づくりと
コミュニケーション

自己分析から他者理解と相互理解へ

山内雅惠 [監修]

船木幸弘 [編著]

木村俊昭・森谷一経 [著]

金子書房

監修者のことば

　私は小さな頃から，人の心に興味を持っていました。両親は共働きでしたので，日中は保育園で育ちました。両親は私をとても愛してくれ，近くに母方の祖母や親戚がたくさんいたので，4歳くらいまでは寂しい思いをしなかったと記憶しています。年の離れた従姉妹が多く，母が忙しい時はいとこたちが面倒を見てくれて，いつも周囲に人がいる環境で育ちました。

　私が4歳の時に弟が生まれました。弟という自分より歳が下の存在は，その後私の性格形成に大きな影響を与えました。両親の愛を一身に受けて来た日常生活から，弟中心の生活に一変したのです。

　弟の存在は，私の中に「愛おしさ」「優しさ」「お世話したい」という感情を育ててくれたと同時に「嫉妬」「我慢」「忍耐」「両親の愛を独占したい」「寂しさ」という感情も育ちました。そして，そんなマイナスな感情を持つ自分は悪い子だという感情も生まれました。両親は仲が良かったのですが，時々激しい喧嘩もしました。そんな時，昨日まで仲良かった両親がなぜけんかをするのかが不思議でたまりませんでした。でも，次の日にはまた元通りになっています。喜怒哀楽という感情が厄介なものであると，子ども心に思っていたのかもしれません。それは，私が人の心に興味を持ったきっかけにもなり，後に大学で心理学を専攻することになりました。

　小学校1年の時に親の仕事の関係で引っ越し，転校という環境の変化がありました。今までの人間関係が薄れ，新たな環境で人間関係を構築しなければならなくなったのです。それは私にとって大きな転機でした。「小さな頃から私を知っている人」に囲まれていた環境から，「私を知らない人たち」との新たな人間関係を構築していくのは，非常にハードルが高い出来事だったのです。なぜなら，私は人見知りで内弁慶という性格だったからです。

　あれから数十年，人見知りだった私はキャリアコンサルタントとして対人支援業務を行っています。1対1のキャリアコンサルティングはもちろんのこと，キャリアコンサルタントの養成，キャリア教育，キャリア開発，人材育成，ダイバーシティ研修などを日々行う，人と接する仕事を専門にしています。人見知りで，親の後ろに隠れて自分から積極的に話しかけないおとなしい女の子の見る影もありません。

　キャリアは環境との相互作用で，個人によって意味付けしていくというならば，私のキャリアは環境と様々な人との出会い，多くの経験との相互作用で構築していったと強く感じています。

　皆さんはどのような環境でどのような経験をし，どのような他者とのかかわりやつながりをとおして葛藤や気づきを得てきたのでしょうか。

　この本のエクササイズ（学習教材）をとおして自分のキャリア形成および自己理解を深めてください。

　自己理解をすることで，自分の物の見方，考え方，この世界をどう捉えているか，どのように認識しているかが見えてきます。さらに，そのことはその後の人間関係にも大きな変化をもたらします。私たちは日常生活の中で，「なぜだかわからないけど，○○さんと話しているとイライラする」「○○さんは苦手だ」「同じ職場の○○さんと仕事をするのは嫌」「○○さんとは話が合う」など，他者に対して無意識に評価をしてしまうことがあります。そして，自分にとって苦手な相手との関

係性をマイナスな状態に自分でしていくことになるのです。

　自己理解を深めていくことで相手に対して自分が抱いていたイメージが自分の価値観や信念によって作り出されたものであることに気づきます。そして，なにより自分を知ることで相手を受け入れ，人間関係が改善していくことに気づくでしょう。

　しかし，自己理解は最も難しいとされています。なぜなら，私たちは朝，目を覚ました時から外の世界を意識して生活するからです。視覚に入ってくる情報を取り入れ，無意識にその情報を自分の価値観で判断して生活しているのです。また，人間関係でうまく行っていない状態の時に，自分がなぜ「今いる環境がしっくりこないのか」「周囲の人とうまく行かないのか」などの原因がどこにあるのかを考える前に，「あの人は自分のことを理解してくれない，冷たい人間だ」「この自分を受け入れてくれない周囲や組織が悪い」と自分を受け入れてくれない他者や環境への不満が募っている状態ではないでしょうか。もしくは，他者とうまく行かない自分は「コミュニケーション能力が低いダメな人間だ」と自己否定する方もいるかもしれません。

　仕事を辞めて転職活動するクライエントの多くは，前職を辞めた理由に「人間関係がうまく行かなかった」をあげます。そして，次の職場でも人間関係がうまく行かなかったらどうしようと不安を抱き前に進めなくなる方もいらっしゃいます。

　私は，大学生１年生から３年生までのキャリア科目を担当しています。学生に履修動機を聞くと「コミュニケーション力を高めたい」「他者と上手に会話ができるようになりたい」「人見知りを直して，色々な人と積極的に話せるようになりたい」と対人関係で課題を抱えている若者が多く，そして彼らの自己肯定感は低いのです。他者から見たらコミュニケーション能力もあり，考え方もしっかりしているように見えるのに自己評価が低いのです。それは，若者に限らず社会で長く働く大人たちにも見受けられるのがとても気になっていました。

　ニート，フリーターなど非正規雇用の格差問題，若者の早期離職者の増加，ミドル・シニア層のモチベーション低下，少子高齢化から女性活躍推進などなど現代社会が抱える問題は多岐にわたっています。

　私は，2005年からキャリアカウンセラー（CDA—career development adviser 民間資格）として対人支援にかかわってきました。2016年にキャリアコンサルタントは国家資格となりました。その背景には，先に挙げた諸問題と，少子高齢化による労働力人口減少が関係しています。

　「人生100年時代構想—子どもたちの誰もが経済事情にかかわらず夢に向かって頑張ることができる社会。いくつになっても学び直しができ，新しいことにチャレンジできる社会。人生100年時代を見据えた経済社会の在り方を構想していきます。（首相官邸ホームページより抜粋）」

　また，厚生労働省ホームページでは働き方改革について「働く方の置かれた個々の事情に応じ，多様な働き方を選択できる社会を実現し，働く方一人ひとりがよりよい将来の展望を持てるようにすることを目指しています。」とうたっています。

　本来，人は他者とのかかわりや社会とのつながりをとおして自己理解をし，自己実現に向けて行動を起こしていこうとするのですが，人間関係が希薄になっている現代では，他者とのかかわりの中で学び，様々な体験をとおして自己理解をしていくことが難しくなっています。

　そこで，意図的にトレーニングすること，その機会と場所が必要となってくるのです。私はキャリアコンサルタントとして多くのクライエントと職業人，学生に体験学習を提供してきました。そして，自己分析をとおして自己理解をしていくプロセスで，自分を取り巻く周囲の環境や人に対しての見方が変わり，環境や周囲の他者を受け入れ変化していく方々を目の当たりにしてきました。

同時に，自己理解が他者理解，そして相互理解につながることを強く感じていました。そして，それらの経験をとおして信頼関係を構築し人間関係づくりにつながるのです。

この本『人間関係づくりとコミュニケーション―自己理解から他者理解と相互理解へ―』は，「1．きづく，2．うけいれる，3．むきあう，4．みつめる，5．みとおす」の各章のエクササイズと小講義をとおして，自分の価値観やものの考え方に向き合い，他者とのかかわり方に向き合い，違いを受け止め，自己実現に向けて変化できるプログラム構成になっています。また，対人支援者がファシリテーションしやすいように小講義を載せるなど展開しやすいように工夫されています。

個人で活用できるように編集されていますので，職場での人材育成，キャリアコンサルタントが用いる自己分析ツールとして，高校や大学などのキャリア教育の現場など，様々な機会や場面でも活用できます。特にこの本は，個人ワーク→グループシェア→全体シェアをとおして気づきを促す展開ができる「学習メソッド」が基盤になっています。職場，学校現場，就職支援など集団での活用はとても効果的であるとお勧めいたします。そして，体験学習を実施される皆さんがチェンジエージェント（変革の推進者）として「地域でご活躍される」際にもご活用ください。

監修者　山内　雅恵

まえがき

◇この本を手にされたあなたへ

　私たちは，様々な事柄に向き合い影響されながら，慌ただしい仕事や生活の中で判断に迫られています。また，日常の中では判断を迫られたときだけではなく，いつも「何か」を自分で選びどうするのかを決めています。つまり，自分が「願っているもの（目的）」を手に入れようとして，私たちは自分で選び，自分で行動を決めながら生きているということなのですね。

　しかし，あなたが「願っているもの」を手に入れるために「どのような」行動をしたのか。また，その行動を思い返してみると，手に入れることができたのは「何か」を思いだすことができないかもしれません。それは，実際には何も得ていないからではないでしょうか。

　現代のコミュニケーションは機械化され，人間関係はますます表面的になっているせいなのか，私たちは，家庭で，職場で，友人や地域の人々と関わる日常の場面で，「心地よい会話を楽しみたい」，誰もが「わかり合いながら過ごしたい」と思っています。しかし，人が抱える悩みのほとんどが「人間関係とコミュニケーションの問題」に起因しているという実情も溢れているようです。

　いま，あなたが相手との関係を「心地よいもの」にするために「何か」を捉え直し，「お互いに認め合うこと」を大切にしてくのかどうか。人として関わる中で，「お互いに認め合うこと」として相手からあなたの存在価値が見いだされているのかどうか。この辺りで少し，「人間関係づくりとコミュニケーション」を捉え直していくことが大切なのかもしれません。

　では，あなたは「お互いに認め合うこと」とは，どのようなことだと考えてきましたか。もしかすると，そのようなことはあまり考えたことがない，という人も多いのではないでしょうか。

　この本は，「人間関係づくりとコミュニケーション」の実際を，テーマに沿って自分が「あたり前」にできているのかの捉え直し（「棚卸し」）ができるように編集しています。例えば，夫・妻や子，親といった家族や親族，友人・知人・恋人，そして職場の上司や同僚，仕事上で関わる人，学校ではサークル活動やクラブ活動の仲間たち，恩師や同窓生，近隣，地域で関わる人や飲食店や商店の人，病院の医療者や福祉施設の介護者など，ふりかえってみましょう。その相手と自分が，どのように関わっているのかを知っていますか？　また，その相手からあなたはどのような人だと思われているのかを知っていますか？

　もしかして，なんとなく気づいていても，見ていないフリをしていたのではありませんか？　あなたは，その関わりの中で自分らしさを実際に発揮できていますか？　また，実際にできたとしても思い込みや勘違いで関係が気まずくなったことや，身に覚えのない誤解や反発を受けるなど，後味の悪いことがありませんでしたか？　これらを捉えることができるようになれば，あなたならよりよい人間関係づくりに活かすことができるのではないでしょうか。

　この本は，各章ごとに用意された「棚卸し」で行った自己分析をとおして，自己理解が促されていくように編集されています。「あなたとわかり合える確かさとは何か」をサブテーマにしているので，「お互いに認め合うこと」とはどういうことで，相手の思いを受け取り，お互いに返すという「あたり前」のことが，もしかすると，「できていない」ことに気づく人もいるかもしれません。さらに，人は，それぞれ「何が大切か」という価値観が「異なっている」ことに気づく人もいるで

しょう。そうすると，人生観や職業観，人間観や倫理観もそれぞれ違う人たちと，この社会の中で「わたし」は関わって生きていることに気づきます。社会の中で生きていくことに関わっていく「わたし」なのですから，あなたに問われるのは，この「わたし」は「何もの」なのかを，どのくらい知っているのかということになります。

　確信の持てる関係づくりをどのように紡いでいけば，誰もが抱く「相手のことを知りたい」という思いがかなえられるのか。そのためには「人間関係づくりとコミュニケーション」のあり方が問われます。例えば，1）何が大切か，2）何を求めているのか，3）何を認めてもらいたいのか。その一方で，相手の何を「認める」ことで，その「関係づくり」や「繋がりができた」とするのか。もしかすると，「わたし」については，いま，あなたは何も「確かなもの」に気づいていないのかもしれません。そうであるならば，この本は，あなたが今よりも「人間関係づくりとコミュニケーション」を快適にする方法を知り，がんばり過ぎることなく，自分らしさをしなやかに発揮して，確かな希望が持てるため（他者理解と相互理解へ）の大きな手助けになることでしょう。

◇この本の特長と構成

　この本は，読者一人ひとりが個人的な環境でも，また集合型研修や大学等の授業の場でも活用できる教材（エクササイズ）を掲載しています。また，「自己分析から他者理解と相互理解へ」と導いていくライフキャリアの開発・形成に着目していることにも大きな特長があります。

　掲載されているエクササイズは，先行研究の成果を基に作成した項目リストによる「棚卸し」を，読者自身で行っていくものです。エクササイズの名称で用いる「棚卸し」についてのこの本なりの定義は，「あなたとわかり合える確かさ」を求める読者が，人間としての「原点に戻ってみる」こと，と考えています。具体的に言えば，この本の示す事項（テーマ）に即した事柄を読者自身の内面（棚）から探索し，「ふりかえり（プロセス・タイム）」をとおして整理・点検し，自身の内面（棚）に並べ直していく一連のプロセスです。また，この本が示すテーマとは，次に示す先行研究の成果であって，この一連のプロセスで"期待"されることは，エクササイズをとおして「人間関係づくりとコミュニケーション」について提供される学習体験と気づきにあります。

　この本では，「わたし」が「あなたとわかりあえる確かさ」を求めて，教材（エクササイズ）をとおして「人間関係づくりとコミュニケーション」を学んでいく風土づくりの実現を目ざします。その思いは，地域で暮らすひとりとして，学校や企業・団体・機関，社会施設の中で仕事をするひとりとして，様々な人と向き合い，人づくり・地域づくりの担い手として活躍されることを願っているものです。

　それでは，「自己分析から他者理解と相互理解へ」と導いていく，具体的な内容をご紹介しましょう。

　今，教育界や人財育成など分野を問わず「成果を大きく左右する」と注目され始めているのが，「学習メソッド（方法）とリフレクション（ふりかえり）」です。この本の最大の特長は，学習メソッドとしての要件を満たす「人間関係トレーニング（ラボラトリー方式の体験学習）」の実践書である，ということ（詳細は，第5章「小講義Ⅱ」参照）と，ひとりでも「人間関係づくりとコミュニケーション」を，次のような構成で学べるように編集しています。

　第1章から第5章まで各章ごとに，①前文（演習実施前の導入文），②エクササイズ（演習・体験教材），学習のねらい，エクササイズのすすめ方，③プロセスシート（ふりかえり記入用紙），④小講義（関連諸理論の内容説明），の順序で展開するエクササイズを計8つ掲載しています。また，

第6章（最終章）には，地域創生に関連した場でこの本を推薦する木村俊昭先生による「特別講義」を掲載しました。

また，各章には，前文および小講義として人間関係とキャリア形成・開発に関連する心理学等の諸理論を解説しています。これらが実際の日常では「どうなのか」を自己分析するエクササイズ（演習教材）での学習体験と関連諸理論から，読者が納得いくまで学べるように編集しています。さらに，この本に厳選された先行研究の知見は，「自己分析から自己理解，他者理解と相互理解へ」と導いていく必要な「気づき」をあなたに与えてくれます。

なお，前述した「人づくり・地域づくりの担い手」についての具体的な説明や論証は，他の情報提供関連書籍に委ねています。

◇本書の主な内容

各章の主な概要について，記述します。

第1章は，自分の人生曲線を波線で画くエクササイズⅠ，これまでに直面した重要経験の特徴などを「棚卸し」するエクササイズⅡ，小講義では「経験と人の行動までのサイクル」を解説しています。

第2章は，日常的なコミュニケーション場面でのアサーション（自他の基本的人権尊重のコミュニケーション：平木典子）の実行度合いを項目リスト（20問）で「棚卸し」するエクササイズ，自己分析結果を踏まえて「効果的なコミュニケーションの5つの構成要素」を解説し，小講義では「アサーション権」を詳細に説明しています。

第3章は，日常のコミュニケーションにおける，不合理な"信念（思い込み）"を項目リスト（10問）で「棚卸し」するエクササイズⅠ，自分が持つ不合理な信念に気づき，反論を検討し合理的な考え方を実践するエクササイズⅡ，小講義では不合理な"信念"との理解を深めるために「論理療法「ABCD理論（エリス）」を詳細に説明しています。

第4章は，人生において人が担う9つの役割「ライフキャリア・レインボー（スーパー）」を自分なりに描き，ライフキャリアを「ふりかえる」エクササイズⅠ，「人生の転機」を「ふりかえり」，4つのリソースのコントロール状況（シュロスバーグ）を点検するエクササイズⅡ，小講義では，「総合的ライフプランニング（ハンセン）」と，人生の転機（ウイリアム・ブリジッズ）の種類や乗り越え方，生態学的システム理論（U.ブロンフェンブレンナー）などを詳細に説明しています。

第5章は，価値観（P.センゲ，S.ハンセン）の一覧表から，日常の仕事や生活で「意識しているKeyword」を選び，次に「意識していないKeyword」を選ぶエクササイズⅠ，小講義では，「価値観と人間関係」を詳細に説明しています。また，5・6名のグループをつくり，お互いの「見た目・能力（印象）」を伝え合うエクササイズⅡ，小講義では，「人間の成長メカニズム」「ダイナミック・スキル理論（カート・フィッシャー）」，「成長につながるリフレクション（アーリック・ボーザー）」を詳細に説明しています。

第6章は，「地域創生における人間関係づくりの重要性」について，木村俊昭先生に特別講義を寄稿いただき，この本をとおして「人間関係づくりとコミュニケーション」を学ぶ意義と，「地域創生には人材育成が不可欠である」ことをわかり易く説明しています。また，「木村流『できない』を『できる！』に変える実学・実践術」レジュメとして，地域創生の現場で求められる重要ポイントを示していただきました。

この本は，テーマを各章に掲げて，今の私が厳選できる最大の努力を駆使して編集しましたが，読者のみなさん全員が納得する内容が書いてある場合もあれば，そうでもない場合もあるかもしれません。しかし，「人間関係トレーニング（ラボラトリー方式の体験学習）」を学習メソッドの基盤にするこの本は，高校生以上から成人までの誰もが活用しやすいテキスト形式（人材育成用のワークブック）で編集し，類書には例がないチェックリストを中心に編集した特長にも関心を示していただけると思います。

　より多くの方々にこの本を活用してもらう工夫を考えて編集しました。あなたのことを決めるのはあなた自身ですが，この本の活用をとおして地域で暮らすひとりでも多くの人々が，地域づくりの担い手として活躍されることを願っています。

編著者　船木　幸弘

【推薦者のことば】

◎木村俊昭氏
（東京農業大学教授，経営学博士，日本地域創生学会会長，地域活性学会常任理事）

「地域創生 成功の方程式」，実践行動の第一歩は「人間関係づくりトレーニング」である！
（1）実学・現場重視の視点，（2）全体最適思考，（3）民間参画（民でできることは民で！・産学官金公民連携）のストーリー性ある「ひと育て」「まち育て」の実現には，リーダー・プロデューサー人財の養成と定着が最も重要となる。よって，この本のエクササイズからスタートすることが肝心である。

［著書等］『地域創生 実践人財論 ── 真心・恕・志ある汗かき人たち ──』(2017, ぎょうせい)，『地域創生 成功の方程式 ── できる化・見える化・しくみ化 ──』(2016, ぎょうせい)，『自分たちの力でできる「まちおこし」── 18の地域で起きた小さな奇跡 ──』(2011, 実務教育出版)，『「できない」を「できる！」に変える！』(2010, 実務教育出版)

◎船井勝仁氏
（株式会社船井本社 代表取締役社長）

社会を活性化するためには，人と人との関係づくりが重要です。この本を用いて人間関係づくりのトレーニングをすることで，地域に貢献できる人材（財）養成と定着が可能になり，社会における我々一人一人の主体的参画が容易となることでしょう。

［著書等］『舩井幸雄の魂が今語りかけてきたこと あらゆる悩みを包み込み，希望を現実化させるヒント』(2018, ヒカルランド)，『NEW MONEY THEORY お金は5次元の生き物です！ まったく新しい付き合い方を始めよう』(2016, ヒカルランド)，『智徳主義【まろUP！】で《日本経済の底上げ》は可能』(2015, ヒカルランド)，『未来から考える新しい生き方』(2011, 海竜社)

◎吉田久夫氏
（合同会社HR研究所代表，エニアグラム・ファシリテーター，キャリアコンサルタント）

この本は，ワークブックによるエクササイズを中心にまとめられた，極めて実践的な書籍である。この本のエクササイズは，対人支援者，人材育成分野に携わる人，教育者，若者，夢を語る者など，誰にとっても大切な「自己分析・他者理解・相互理解」を促し，それらの人々が役割を全うする上で必要となる基盤を与えてくれる。

［著書等］『最強の適材適所経営』(2019, ごま書房新社)，『人づきあいが9倍楽しくなる心理学 ── エニアグラムが解き明かした人生のドラマ ──』(2001, しょういん)，「エニアグラムによるリーダーシップ能力開発セミナー」「人間関係の悩みを解消する心理学エニアグラム・セミナー」等の講師

目　　次

監修者の言葉　i
まえがき　iv
推薦者のことば　viii

❶ きづく──行動パターンの落とし穴 …………………………………… 1

エクササイズⅠ『私の人生曲線』　4
エクササイズⅡ『私の重要経験の棚卸し』　7
コメント　11
小講義　経験と人の行動までのサイクル　12
気づきの明確化シート──きづく──　16

❷ うけいれる──自他尊重のコミュニケーション ……………………… 17

エクササイズ『アサーションの棚卸し』　20
コメント　28
小講義　人権としての「アサーション権」　29
気づきの明確化シート──うけいれる──　32

❸ むきあう──不合理な信念とむきあう ………………………………… 33

エクササイズⅠ『不合理な"信念"の棚卸し』　35
エクササイズⅡ『"信念"についての合理性の検討』　38
コメント　45
小講義　思考の整理──ABCD理論　46
気づきの明確化シート──むきあう──　49

❹ みつめる──人生役割もさまざま ……………………………………… 50

エクササイズⅠ『人生役割の棚卸し』　53
コメント　61
小講義Ⅰ　ライフ・キャリア充実のポイント　62
小講義Ⅱ　人生の転機（トランジション）　65
エクササイズ『人生の転機の棚卸し』　68
コメント　74
小講義　人生の転機とアイデンティティの発達　75

気づきの明確化シート──みつめる── 78

❺ みとおす──人間関係づくりの展望 …………………………………… 79
　　　エクササイズ『仕事と生活のKeyword』 81
　　　コメント 86
　　　小講義Ⅰ　人間関係に潜む価値観 87
　　　小講義Ⅱ　学習のステップとリフレクション 89
　　　エクササイズⅡ『能力開発プラン』 92
　　　コメント 98
　　　小講義Ⅲ　人間の成長メカニズム 99
　　　気づきの明確化シート──みとおす── 104

❻ 特別講義
　　　──地域創生における人間関係づくりトレーニングの重要性 …… 105

　　引用・参考文献　109
　　あとがき　113

1

きづく

行動パターンの落とし穴

■ 痛恨の経験と自らほる落とし穴

この章のはじめに，私が直面した痛恨の経験を話題にしたいと思います。

数年前から我が家の家族に1人の里子（2013年生まれ）が加わって，3人で暮らしています。この本の出版を直前に控えていた私が，原稿の書き直し作業に追われていたときの出来事です。私は自宅の書斎で翌朝までに仕上げなければならない原稿の筆耕に没頭していました。もうすぐ6歳になる子どもに「お仕事するから邪魔しないでね。」と伝え，書斎に閉じこもりました。およそ20分後，子どもが書斎に入ってきて私の目前まで来たので筆耕作業を中断しました。すぐさま憤りを感じて，私は子どもを睨みつけました。その理由は明白で，邪魔しないようにと伝えてあったからです。明確に禁止を伝えていたにもかかわらず，子どもが書斎にきて仕事の邪魔をしていると捉えた私の判断でした。その場で子どもを叱ることが論理的にも正しいことだと思った私は，「お仕事の邪魔をしないでね。と伝えたはずだよ。」と強く叱りました。

少しの時が経過して，私は，子どものよそよそしかった様子と困惑した顔つき，いつになくうろたえていた様子を思い出し，この直面した経験が痛恨の極みだったと"気づく"ことになります。その後の子どもの様子も気になりましたが，まず，知りたかった事柄があったので，妻にいくつかの質問を行って確認してみることにしました。すると私が子どもに書斎への立ち入り禁止を伝えたことを妻は把握していませんでした。さらに，妻の伝言で子どもが「コーヒーどうですか。おやすみなさい。」と私に伝えようとしていたことを知りました。「落とし穴」の中にいたことに"気づいた"私は，子どもを強く叱ったことを恥じました。子どもには非常に申し訳ないことだったと思い直し，翌朝，子どもに「事情を確かめなかったこと，その場で叱ったことが大きな間違いだった」と，私から子どもに深く深く謝罪しました。

この話は，気持ちに余裕がなかった私が子どもの事情を確かめなかった，という私の衝動的な感情が招いた失態でした。救いは，子どもの様子が気になった私から妻に質問してみた，という私の"気づき"で情緒的な反応と判断から行動したことでした。

あなたは私のこの痛恨の経験から，どのようなことを感じましたか。おそらく，家庭だけではなく，似たような経験はどこでも起こり得る事柄なのかもしれません。

■ 行動の前からほる落とし穴

私たちは，自分の行動を自分が知る範囲内の情報だけで決めることしかできません。私の「痛恨の経験」でも，「子どもを叱った」という私の行動は，それ以前から「何か」が起きていて，その「何か」が「落とし穴」だったのですが，読者のあなたは"気づく"ことがありましたか。私たちは，知らない範囲の事柄については，「真実」を知らないまま判断するときがあ

ります。もしくは，自分の感情に"気づく"ことなく，ついついその場で情緒的な判断を下し行動して何らかの問題を起こすのかもしれません。

また，私たちは自分の行動を自分で決めながら生きています。もしも，「私は自分で決めた経験がない」という人がいたとしたら，自分で「決めない」ことを誰が決めているというのでしょうか。

例えば，仕事でも，日常生活やスポーツなどの場面で頑張ってみたものの，自分の期待どおりの展開ではなかったり，そもそも想定した場面に遭遇しないこともよくあります。そのようなときには，相手の行動や判断に文句を言ったり，批判したり，時には他者を責めたり，脅したりする行動を選ぶ人もいるようです。しかし，他者があなたを幸せにしたり，みじめにするわけではありません。実際には，幸せもみじめな感情も自分が「感じる」ことだし，自分の判断・行動に至るまでの全てを自分が見て情緒的な反応判断を経て行動しています。それなのに，他者の考え方や判断を批判する行動を選んでしまうし，人間関係を破壊させる「落とし穴」を自らほる行動パターンに"気づく"ことなく判断し行動していることがあるのです。

■直面する課題に 気づく

私たちは日常生活で「何か・こと」に直面したときに，それを成し遂げるために他者と関わる場面があります。また，職場や家庭では，コミュニケーション不足や相手に対する不満という次の「何か・こと」に直面していくこともあります。特に，複数人の「集まり」である集団・職場では，頻繁に直面するコミュニケーション（人間関係）の問題から生じる「何か・こと」にも遭遇し，他者との違いに"気づく"ことで悩むこともありますが，これらは全て人間が"むきあう"（直面する）課題といえるものです。

また，自分と他者の違いに"気づく"こと，つまり，人の判断や行動が適切かつ合理的になるためには何らかの"気づき"が必要であると思います。

では，「何か・こと」に直面するどのような経験から，その"気づき"を得ていくのでしょうか。ここでは，私たちが「直面する課題」という捉え方から，もう少し考えてみましょう。

■私たちが直面する課題

私たちはコミュニケーションに不満があると，やる気をなくす，協力したくないなど，情緒的反応が内面で起こることがあります。このような情緒的な反応に"気づく"ことなく放置しておくと，時には重要な判断や行動の決意にも影響するようです。多くの調査結果で見る離職理由に，他者や職場などでも悪影響を及ぼす事態に陥ってしまうと，「人間関係やコミュニケーション」への不満が多いということからもいえることです。このような課題を「人間が直面する課題」として捉えなおすと，「技術的な課題」と「適応を要する課題」の2種に分類できます（Heifetz, 1998 幸田訳 1996）。

どのような事柄でも「人間関係」や「コミュニケーション」のあり方を問うものであれば，すでにある技術で対処できるのか，それとも，すでにある技術を用いても解決できないのかの視点から，検討してみることも有用かと思われます。

1）技術的な課題

「技術的な課題」は，どのような技術やスキルを習得すべきかが明確な事柄です。屋根の雨漏りや時計の修理，電卓やパソコンの操作ができないという事柄は，技術を訓練して習得すれば基本的に対処できるものです。例えば，屋根の雨漏りや時計の修理などは，対処すべき課題を調査・分析して原因を特定します。さらに，その後の対処にはどのような技術の習得が必要なのかも確立されていて，課題は解消されていきます。つまり，これらの課題は「自分自身の

外側にある」技術やスキルを習得することで解決に向かう事柄です。

2）適応を要する課題

「適応を要する課題」は，新しく技術を習得してもこれまでの思考様式のままでは，直面する課題に対処できない事柄です。これは，既存の思考様式のまま論理的な分析を行っても問題解消できないので，取るべき対策も特定しにくいものです。つまり，既存の技術やスキルだけでは解決できないので，自分自身と職場（組織）の思考様式並びに行動習慣を変容させてから，課題を解消していくことになります。これらは環境に人が適応していくこと，自分の価値観を変えることで適応していくこと（行動習慣の変化）で解決に向かう事柄です。

■体験の積み重ね

このように私たちが課題としての"むきあう"というときには，普段は印象や直感に迷わず従っていて，自分の直感や好みのだいたいは正しいという「自信」を持っているように思います。しかし，実際はいつも正しいわけではありません。私たちは，間違っているのに自信たっぷりのときもよくあります。特に，このタイプの異なる2つの課題（特に「適応を要する課題」）を既存の思考様式のまま技術的な手段で対処してしまうと，目指す変化をより悪化させることになります。これは，自分のことは自分だけでは気づくことができないからで，客観的な第三者のほうが発見しやすいものなのです。私たちは，家族や他者との人間関係，社会生活などの体験で，その間違いを見つけてもらいながら「自己認識」していくことからもそういえます。したがって，これまでの人生の中でどのような経験を積み重ね，自分がどのような事柄に直面してきたのか（水準），自分がどのように取り組んできたのか（力量），他者の目線から結果としてどのように映っていたのか（フィードバック），によって「自己認識」を深めているといえそうです。

この本では，各章にテーマをあげて，エクササイズの学習のねらいに応じて「何かに取り組む」ように編集しています。これらのエクササイズは，一度体験すればよいと捉えないで複数回取り組むことをお勧めします。本書の活用機会（体験）を積み重ねることが，自分や他者の"気づき"を分かち合う学習機会となり，相互理解のきっかけにもなるでしょう。

エクササイズ I 『私の人生曲線』

　人生は「山あり谷あり」という「話（はなし）」はよく聴くこともあるのですが，実際に「自分の人生」の「山あり谷あり」についてはどうなのかを視覚的に描いたことがある人は少ないと思います。このエクササイズは，星野(2007)『ライフ・サークル』を参考に作成したものです。

　エクササイズとは，人間や人間関係などについて学習するために，さまざまな教材を使って実際に何かを体験することです。

▶このエクササイズから学べること

　自分の人生はこれまでどのような曲線を描いてきたのかを，ライン（波線）で示してみることで，これまでの自分の生き方をふりかえることができます。また，これからの人生（生き方）についても何らかのヒントを得ることができるでしょう。

▶このエクササイズのすすめ方(所要時間約50分)

1．p.6の「人生曲線（半円サークル）記入用紙」と筆記用具を用意してください。
2．ここで，目を閉じて2〜3分，これまで自分が歩みながら描いてきた人生曲線はどのようなものであったか思い浮かべ，いろいろな出来事やかかわった人を思い出してみましょう。
3．筆記用具を手に取り，目の前の紙に描かれた「半円サークル」を自分の全人生と捉え，次のページの例のように「人生曲線」を波線の形で書きます。○印の「出生（標準線）」がスタートで，現時点を実線（標準線）の上下のどこかに決め，△印をつけます。そして，（6．の作業で行うことになりますが）何歳まで生きるのかを推定して●印の「没（標準線）」がゴールになります。
4．これまでの人生と，これからの人生を半円サークルの実線（標準線）の上下に描くことをイメージしてください。まず，この実線（標準線）を基準にして「人生曲線」波線を描きます。この実線（標準線）の外側をプラス的なイメージで，内側をマイナス的なイメージで描いてみましょう（つまり，充実しているを外側にすると，内側は充実していないになります）。

　いろいろな領域や観点でふりかえることができますので，領域をきめて描いてみる（「愛情」「仕事面」「余暇」「学習」などをイメージして），または総合的に考えてみるとよいでしょう。
5．「人生曲線」の波線ができると，次に上下の頂点に当たる箇所に年齢を数字で書き，どのようなことがあったのかを示すキーワード（トピックス）を書き加えてください。また，頂点ではない箇所にも，自分にとって印象的な出来事があった箇所には年齢を数字で書いてキーワード（トピックス）を書き加えてください。
6．あなたの人生曲線の「これまで」と「今」が描けたところで，次は，将来・未来を考えてみます。「今」から「没」までを，期待も含めながら4．と同じように書いていきましょう。そして，どのような出来事が起こるのか想像できることがあれば，5．のように書いてください。
7．個人でエクササイズに取り組んだ場合は，完成した「人生曲線」眺めてみます。そして時間があれば，簡単な自分史を書いてみると

よいかもしれません。

また，複数人の仲間などと一緒に取り組んだ場合は，お互いの「人生曲線」を見せ合いながら語り合うとよいでしょう。なお，この本では，さらに続けてエクササイズⅡを取り組んで効果的に学習を進めていくことを想定し編集しています。「ふりかえり」を行う場合は，「プロセスシート」（p.10）を使用するとよいでしょう。

8．ふりかえりとわかちあい（20分）

1）ふりかえりを行います。「プロセスシート」（p.10）に記入してください。「プロセスシート」とは，各章のエクササイズで気づいたことや感じたこと，何か思いついたことなどを思うままの表現（文字）を書く用紙のことです。

2）1人で記入した人は，p.11のコメントを見て，いろいろ思い起こしてみてください。

3）記入を終えたら（それ以外の場合でも，あなたと同じように記入を終えた人がいれば），グループのメンバーでそれぞれが書いた内容をわかちあってみてください。わかちあう方法は，互いに交換して見せ合う，または自分が書いたものを順番に読み上げる方法がよいでしょう。お互いのことを知る機会になると思います。ただし，気乗りしない人は無理して参加しなくてもよいでしょう。グループが複数あれば，各グループから，おおよその話題を発表し合うのもよいでしょう。

9．コメント・小講義

上記までの取り組みをひととおり終えたら，このエクササイズで学んだことに関連する「コメント」や「小講義」を読んで，学習をすすめてください。なお，この章に掲載しなかった「小講義」を紹介しますので，参考にしてください。

・小講義Ⅰ「自分に気づくこと」星野欣生（著）『職場の人間関係づくりトレーニング』（2007，金子書房）

（例）【人生曲線】

【人生曲線】

『私の人生曲線』人生曲線（半円サークル）記入用紙

(+)

(+)

出生

過去 (−)

未来 (−)

没

エクササイズⅡ 『私の重要経験の棚卸し』

　このエクササイズは，これまでの人生の中で，自分が「重要（大切）だ」「変化（危機）だ」「問題（課題）だ」と思っている事柄は，「技術的な課題」か，それとも「適応を要する課題」なのかを書き出してみるもので，「人間が直面する課題（Heifetz, 1998 幸田訳 1996）」を基にして作成しました。人それぞれに直面してきた経験や事柄の状況に応じて，さまざまな観点から検討することができ，どのような時期でも個人で行うことができます。また，このエクササイズは，第4章のエクササイズⅡをスムースに展開するためにも活用できるものです。

▶このエクササイズで学習できること

　このエクササイズでは，今まで自分が直面して乗り越えたり，あるいは回避してきた経験をさまざまな観点から検討します。
○自分が直面して乗り越えた，あるいは回避してきた経験・課題（困難・問題・出来事・不安・急変・不満・期待・希望など）に対して多角的な検討をとおして自分の行動の特徴や変化に気づくことができるでしょう。
○自分がこれまでの人生で直面してきた経験や課題をふりかえることで，今後の仕事や人生（生き方）を考える機会になるでしょう。

▶エクササイズのすすめ方 （所要時間約60分）

1．個人記入作業のまえに（10分程度）
　上記の「このエクササイズで学習できること」を参照して，「私たちが直面する課題」（p.2）を読んでから，記入する事柄をどのように捉えるのかを自分なりに準備しましょう。

2．個人記入作業 その1（15分）
1）筆記用具を用意して「記入用紙」（p.9）に記入します。
　①個人記入作業は，落ちついて記入しやすい場所で行います。
　②p.9の「記入用紙」の中に1～13までの空欄があります。13項目をすべて記入するようにしましょう（順位ではありません）。
2）「あなた」がこれまで，職場や日常生活の中で直面してきた経験・課題（問題に遭遇したり，困難だったこと，不安だったこと，嫌だったこと，あれこれやってみた事柄）を，自分が思うまま，頭に浮かんでくるままの言葉でよいので記入してみましょう。この個人記入作業には正解はありません。特定する事柄や内容の指定もないので，何を記入してもよいのです。また，思い浮かんだことはいくつでも書き足してください。思いつかない場合は書けるところまででよいでしょう。

3．個人記入作業 その2（15分）
1）さまざまな視点・観点からみていく作業（「印」をつける）を行います。「記入用紙」の1～13までの数字の左の余白に，現時点の捉え方でよいのでつぎの観点・視点を順に照らして上記2）で記入した内容によって印を書いていきます。

【問いかけ】
　直面した事柄の中で，あなたにとってその経験は…
＊乗り越えるための「技術的な課題」であったもの。
＊乗り越えるための「適応を要する課題」であったもの。

＊乗り越えるためには「苦痛」があったと感じられたもの。
＊乗り越えると「喜び」があったと感じられるもの。
＊何らかの「学び」や「成長」があったと感じられるもの。
＊「感動」や「感謝」が伴っていたと感じられるもの。
＊好機又は危機的状況であったと感じられたもの。
＊回避できない，もしくは経験したくないと思っていたもの。
＊それを1回だけのために1万円以上必要としたもの。
＊他者の協力が欲しい，もしくは他者と一緒にしなければならなかったもの。
＊それが自分一人でしかできない，または一人でやりたいと思っていたもの。
＊「協力」をつけた事柄で，特定の（特別な）人と一緒にすること。
＊「自分」をつけた事柄で，特に秘密性が求められるもの。
＊その状態が続くと，重大な問題を引き起こすと感じられたもの。
＊放置していても，あまり問題がないと思われたもの。
＊何らかの準備・手続き（例：予約や会議）が必要だったもの。
＊何らかのリスク（冒険）または困難が伴ったもの。
＊予期できないことだったと思われるもの。
＊自分で「コントロール」できると感じられたもの。
＊現在の自分に直接的に「活かされている」と思うもの。
＊その後の人生に「影響」を与えたと感じられるもの。
＊自分の心理的な大きな変化があったと思うもの。
＊あなたの人生にとって最も重大だと思うもの。

2）なお，1）の作業は下線が引いてある字を1文字使用するとよいでしょう。
3）ここまでの全ての作業が終わったところで，じっくりと見直してみましょう。

4．ふりかえりとわかちあい（20分）
1）ふりかえりを行います。「プロセスシート」（p.10）に記入してください。
2）1人で記入した人は，p.11のコメントを見て，いろいろ思い起こしてみてください。
3）記入を終えたら（それ以外の場合でも，あなたと同じように記入を終えた人がいれば），グループのメンバーでそれぞれが書いた内容をわかちあってみてください。わかちあう方法は，互いに交換して見せ合う，または自分が書いたものを順番に読み上げる方法がよいでしょう。お互いのことを知る機会になると思います。ただし，気乗りしない人は無理して参加しなくてもよいでしょう。グループが複数あれば，各グループから，おおよその話題を発表し合うのもよいでしょう。

5．コメント・小講義
　上記までの取り組みをひととおり終えたら，このエクササイズで学んだことに関連する「コメント」や「小講義」を読んで，学習をすすめてください。なお，この章に掲載しなかった「小講義」を紹介しますので，参考にしてください。

・小講義Ⅱ「気づきのメカニズム」星野欣生（著）『職場の人間関係づくりトレーニング』（2007，金子書房）
・小講義「気づくとは」津村俊充・星野欣生（編）『実践 人間関係づくりファシリテーション』（2013，金子書房）

『私の重要経験の棚卸し』記入用紙

1.

2.

3.

4.

5.

6.

7.

8.

9.

10.

11.

12.

13.

『私の人生曲線』『私の重要経験の棚卸し』
プロセスシート

1. 記入用紙を見ながら，自分が記入した事柄の特徴で気づいたことを，思いつくまま記入（箇条書き）してみましょう。

2. そのような事柄の特徴に影響したと考えられることで，思いつくことがあればいくつか記入してみましょう。

3. その他，気づいたこと，感じたことを自由に記入してみましょう。

コメント

　さて，エクササイズⅠ『私の人生曲線』ではどのような半円サークルができたでしょうか。このように自分の人生曲線をあらためて描いてみると，さまざまな経験（や事柄）が思い出されてきた人もいるでしょう。経験とは，過去にあった出来事とその出来事に対して抱いた感情や考えのことを指しますが，いかがでしたか？まずは，良い悪いと評価するのではなく，あるがままを「ふりかえる」ことが大切だと思います。このエクササイズを一緒にやってみた仲間がいるのであれば，それぞれお互いに見せ合いながら自分のことを語ってみると，他者理解と相互理解も深まるでしょう。

　また，エクササイズⅡ『私の重要経験の棚卸し』は，どうだったでしょうか。このエクササイズは，自分が直面してきた「重要経験」を書き出し，「問いかけ」に応じて吟味していくというものでした。直前に『私の人生曲線』を行っていた場合は，自分が直面してきた「重要経験」も「スラスラ」と書き易かったと感じた人もいたかもしれません。

　自分なりにこのエクササイズで思いつくまま書き出した「重要経験」に対する「問いかけ」は，まず，「技術的な課題」か「適応を要する課題」なのか，その後手順どおり「問いかけ」に沿って検討してもらいました。おそらく，いくつかの「問いかけ」に応えていくうちに，自分がその経験をどのように捉えていたのか，それがどのような「重要経験」だったのか見えてきた人もいたと思います。

　そして，今，自分にとって「最も重大だ」と思うもの（経験）を選び，どのような背景がこれらにあったのか，自分の人生の中で「積み重ねてきた」はずだったことの「新たな一面」に気づいた人もいたかもしれません。例えば，私が実際にこのエクササイズを行ったときのことです。私の人生はこれまで「人の役に立つことをする」ということを自分なりに大切にしてきたつもりでした。エクササイズの「問いかけ」に応じた後に「ふりかえる」と，「一人でやりたい」こと，かつ「放置していてもあまり問題がない」という事柄が目立っていたことに驚きました。しかし，先に述べたように経験は，過去にあった出来事とその出来事に対して抱いた感情や考えが合わさったものです。私の「人の役に立ちたい」という思いをさらに「捉え直して」みると，誰かのために自分が「やってみたい」と思いついたことに果敢なチャレンジをして，「喜んできた」「悲しんできた」「学んできた」という自分の感情を思い出しました。

　そこで，今後は「どうしたいのか？」という「問いかけ」をさらに行ってみると，やっぱり「果敢にチャレンジしていく」と言葉を返す自分がまだそこに居て「気づく」ことがありました。辞めることも忘れることもなく，これからも「挑戦する，行動する」という私の考え方・人生観なのだから「しっかり」捉え直して，これからも何らかの貢献を続けていこうと思ったのです。つまり，出来事は過去のことであり変えることができませんが，それに対する考え方や感情は捉え直すことができるし，自分しだいで「意味」を変えていくこともできるのです。

　私たちはいろいろな経験をしながら人生を歩んできたわけですが，日常生活の中でもこのような視点を活用しながら自分の経験をみつめ「気づく」機会を積んでいくとよいと思います。

小講義　経験と人の行動までのサイクル

　この章では，「前文」や「コメント」で私の例もあげながら自分の「人生曲線」，直面してきた「重要経験」を検討し，どのような事柄をとおして"気づく"のかということに取り組んできました。

　いかがだったでしょうか。

　この小講義では，シャイン（Schein, E. H., 1999 稲葉・尾川訳，2002）の知見を基に解説していきます。

■経験と気づくことの重要性

　私たちはいろいろな経験をしながら人生を歩んでいるわけですが，経験は過去を説明したものと捉えがちです。また，自分だけに焦点をあてることが，かならずしも自分自身の理解につながるわけではありません。過去の自分のあり様に"気づく"こと，これがどのような「学び」を私たちに提供してくれるのでしょうか。さらに，コミュニケーションが途絶したり，感情が傷ついたり，関係が壊れたりといったことが起こるのは，どうしてなのでしょうか。ここでは，もう少し私たち人間そのものの理解に関連する事項から"気づく"ことの重要性を考えてみましょう。つぎの「経験の意味とその捉え方」と「人が行動するまでに起こること」を読んで，考えてみてほしいと思います。

■経験の意味とその捉え方

　経験は，過去にあった出来事とその出来事に対して抱いた感情や考えが合わさったものです。出来事は変えられませんが，過去と現在は相互に影響し合う関係にあって経験が現在を支えている，今を創っている一面があると捉えることができます。また，経験とは，出来事とそれに対する感情（気持ち・感じ）や考え（気づき・学んだこと）が合わさったものです（立野，2017 p.27）。これは，ある出来事に遭遇した人が「嬉しい」または「悲しい」「学んだ」と感じたことは，出来事に遭遇した本人が「その出来事について，そのように感じていた」という当時の状況としての事実が（過去に）あったことを指しています。この考え方を踏まえると，過去の出来事と当時の感情や考えを変えることはできませんが，その出来事に対する「意味」を「現在はどうなのか？」と捉え直す機会を設けてみるとどうでしょうか。つまり，「経験」そのものが「どのような状況だったのか」ではなく，その経験を「どのように受け止めるのか」ということが重要だと捉え直してみてください。ユーリック（Eurich, T., 2017 中竹監訳，2019 p.178）は，「真の気づきは，自分の思考と感情の両方を消化するときに生まれる」と指摘しています。このように「意味」を捉え直すことができると自分の考え方しだいで，捉え直した出来事の「意味」に沿って現在のそれに対する考え方や感情も変えることができることに気づく人もいるだろうと考えられます。

　人間はさまざまな経験をしながら人生を歩んでいきますが，自分の目に映る情景と「そのように観ている」自分をその情景（状況や世界）に含める場合と，含めない場合があります。また，その情景（状況や世界）は誰にとっても「同じものなのか？　どうか？」，その人なりに「どのように観ているのか」という捉え方の違いは，大いに確認してみる必要がありそうです。

■人が行動するまでに起こること

　人間関係づくりにとって重要なこととして，人の頭の中で「何が起こっているのか」を理解

できるかどうか，ということがあげられます。この「何が起こっているのか」の理解というのは，人の頭の中で何が起こってどのように進行していくのか，また，それが自分や他者の行動にどのような影響を与えるのか，についての理解の度合いを指しています。

ここで，複雑な人の頭の中を捉え易く単純化したモデルとして「基本的なORJIサイクル」を紹介します（図1-1）。この図では，人間の行動（Intervention）は，何らかの情報を観察（Observation）し，観察したものに情動的に反応し（Reaction），観察と感情に基づいて分析処理してから判断を下し（Judgement），何かを起こすために行動（I）する，という継続的な流れが示されています。私たちは自分の「知る範囲の情報で考え・判断・行動する」というこのモデルを活用すると，人の心の内部であれこれ起こる複雑なことや，一般的に私たちが「どうような罠」に陥るのか，人の行動や援助が効果的なのかどうかの，ヒントを得ることができます（ここでは行動をinterventionと記述しているが，これは"おもてに表れる行動をとる――すなわち介入する"という筆者の解釈によるものである）。

例えば，私たちは何かを「観察し」，同じく観察した人の反応は適切で行動も合理的だったと「追認」します。一方，その人の行動が合理的ではなかったときは，その人の行動は不適切だったと「非難」します。このように，行動が不適切だとその人を「非難」した場合は，その人の「行動」は不正確な最初の観察に基づくという観点の捉え方を持ち合わせていません。しかし，後にこのモデルからみた本人確認を行うと，その人の観点に基づいて何かを「観察し」，観察した何かに対して適切に「反応し」，合理的論理的に「行動し」ていたことが判明する場合が多いのです。つまり，その人がとった観点からその人の行動を正当とするデータは，一般的な観点からでは観察できないということです。

現実的には，この「基本的なORJIサイクル」のように単純で論理的な順序で内的プロセスが起こるわけではありません。しかし，このサイクルの観点からみると，判断が論理的であっても不正確な可能性のある事実に基づいているがゆえ，結論も全く論理的だといえないことが多いことが予測できます。「人の役に立つ

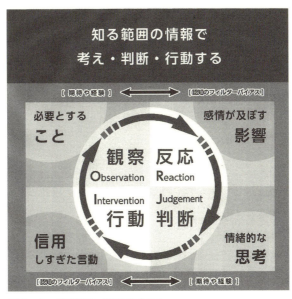

図1-1　基本的なORJIサイクル
Schein, E.H. 稲葉・尾川訳（2002）を参考に作成

ため」の行動や援助・介入がより効果的なものであるためには，このモデルの観点からみていくこと，自分のなかに「あえて反論するもうひとりの自分」を持つこと，自分と"むきあう"機会をもつ（より自分のことを知るように心がける）ことが効果的である（船木，2017 p.9），と思います。

■現実で起こる「落とし穴」

無意識に偏ってしまう自分だけの思考（こちら側の目線）で現実を捉えると，誰かが感情的に行動した場合に，我々が認識している論理的な状況の中では，その人が不適切に行動したと受け止めてしまいます。しかし，図の流れでみると，（不適切だとされる）その人が起こした行動は，合理的ではなかった行動だったとは捉えません。それは，その人が何かを観察し，最初の不正確な観察した結果に基づいて行動したことがわかるからです。

このモデルを世に示したSchein（1999 稲葉・尾川訳 2002, pp.129-131）は著書の中で，コミュニケーションが行き詰まったり，感情が傷ついたり，関係が壊れたりといったことがよく起こるのは，悪意や恣意的な意図の結果ではなく，つぎの「落とし穴（罠）に落ちた」からだと指摘しています。

【誤認】
早まった判断，期待，防衛，原因の勘違い，起きたことの不正確な認識
【不適切な情緒的反応】
データの不正確さに気づかない，自分の解釈に酔う，データへの過度な反応，怒りや不安による反応
【不正確データや不完全な論理に基づく分析判断】
自分が正しいという決めつけ，認知の偏り論理的思考力の欠如に気づかない状態での分析・判断
【実は判断が誤っている】
自分の全サイクル（観察・情緒的反応・意思決定・行動）が見えない，正否を点検しない

このように，その人の側に起こる現実があることを，まず知っておきましょう。この「落とし穴」に落ちた状況からどのように立ち直るのか，いかにして「罠（わな）」を避けるのか。そして，人の頭の中で「何が起きているのか」という問いには，「誤認」の基になる可能性があるもの，自分の情緒的反応の「偏り」，そして自分の判断と論理に潜む「文化的仮定」，の3種の状況を見極めること。重要な事柄だとされていても，「気づき」もないまま感情に影響されて決断してしまうことが最も危惧されます。

次に，「基本的なORJIサイクル」の概略説明を，問題が起きている可能性がある，という観点を加えて解説していきます。

観察（O）：自分が考えたり話したりできることを見ている

私たちは，現実に身の回りで生起している出来事の「ありのまま」を，観た，聴いた（観察・視聴）と思い込んでいます。実際の「人の神経系」は，自分が知っていること（これまでの経験や期待・予想），「外部環境」からデータを認知のフィルター・バイアスをとおして取り入れるようにできています。したがって，自分が考えたり話したりできるものを見ているので，自分が「見たこと」から考えたり話したりするということではありません。これは，受動的に情報を得ている状態だし，ごく限られた情報の中から自分が必要とするものを見て，知覚したものは自分の願望や欲求で選んでいる状態です。〈どうすればよいのか〉

最も注意すべきことが観察です。五感を駆使して正確な把握に努めましょう。

反応（R）：無意識のうちに自分の情緒的な反応に偏っている

私たちは，自分の感情に流されたり，自分の感情に全く気づかないことが多いようです。この「反応」が最も難しいとされる側面は，自分の感情を否定してしまうか，まったく当然のことだと受け入れてしまって，情緒的反応自体を省略し，判断や行動に移ってしまうことです。実際には不安や怒り，幸せや恥ずかしさ，羨ましさやあつかましさ，喜びや悲しみを感じていても，自分の内面で起こっていることさえも気づかない，ことから生じてしまうのです。このように自覚できない感情の力は，抑えることも上手く扱うこともできません。特に，感情に気づかないときは，その感情が判断に及ぼす影響に全く気づかないことが多いので，衝動に従ってしまうことが問題を起こしているのです。
〈どうすればよいのか〉
　自分の感情を認識する方法と，その付き合い方を見つけておきましょう。

判断（J）：自分の感情が判断に及ぼした影響に気づかない

　私たちは日常で行動する以前に，データを処理し，情報を分析し，評価し，判断を下しています。このような行動する前の分析能力は，目標を達成するために複雑な行動を計画し，行動を続けていくことを可能にする人間がもつ画期的な能力です。しかし，どのような分析や判断も「基本的なORJIサイクル」にあてはめると「基礎となっているデータと同等の価値しかない」ものです。論理的に考える能力には限界もあるので，データを誤って認識したり，感情によって歪められると，無意識のうちに思考が自分の情緒的な反応に偏るので，分析・判断には役に立ちません。
〈どうすればよいのか〉
　最初に情報を入手する際の歪曲を最小限に食い止める努力をしましょう。

行動（I）：自分の感情を信用しすぎた思い違いをしている

　私たちは，何かを判断したときから行動します。たとえ衝動的な行動だったとしても，論理的な判断のプロセスを省略したように見えても，前述してきたとおり判断による行動である，と捉えます。シャイン（1999 稲葉・尾川訳，2002 p.126）によると，衝動的な行動は「初めの観察とそれに対する自分の感情的な反応を信用しすぎている」と指摘しています。これは，たとえ他者との関係に重大な結果を招く暴挙でも，初めの観察と自分の情緒的な反応・判断が正しいと思い違いをした状態のままでいる，ということです。これは相手に対する関心や好奇心を持ち合わせない偽りの行動だといえるでしょう。
〈どうすればよいのか〉
　謙虚な姿勢で尋ねながら確認する（合理的に判断する）習慣が必要です。

　このように，たとえ「現実」と向き合う中で物事をありのまま捉えようとしても，私たち人間の持つ知覚能力によって広範囲に歪曲されてしまうことが起こりがちだということです。否認（ある情報カテゴリーが自分自身に当てはまるとき，それを見ないようにする）と投影（実際は自分自身の中で作用しているものを，他者の中に観る）という自己防衛のメカニズムや，私たちが持つ欲求が知覚を歪めてしまうことがわかっています（Schein, 1999 稲葉・尾川訳 2002）。まずは，自分のものの見方や捉え方の傾向，固定観念や先入観を見極めるために，これまでの経験や学習してきた際に表れた「落とし穴」を克服しておかなければなりません。いずれにしても，人の役に立つための「行動」には，正確な観察と適切な情緒的反応，相手の思考を取り入れた考え方に基づく判断の重要性に「気づく」ことが，私たちの喫緊の課題だといえるでしょう。この「基本的なORJIサイクル」を示したシャインは，この課題には体系的な点検手続きを私たちが学んでおく必要があるとしています。

気づきの明確化シート──きづく──

1．この章のエクササイズを終えて，気づいたことや感じたことを，思いつくまま記入（箇条書き）しましょう。

2．そのような事柄の特徴に影響したと考えられることで，思いつくことがあればいくつか記入しましょう。

3．これからもう少し大切にしていきたいと思うことがあれば，記入しましょう。

4．その他，気づいたこと，感じたことを自由に記入しましょう。

うけいれる

自他尊重のコミュニケーション

　アサーション（assertion）という言葉を知っていますか。一般的に「自分の主張を平易に論理的に行うこと」と定義されます。では，それはどういうことなのでしょうか。簡潔にいうと，自分の意見を相手に伝わるようにきちんと説明することです。もっといえば自分が正々堂々と，話したことに責任を持つことによって，伝えた内容に後悔しない，相手のせいにしないということであり，相手の言うことをよく聴くということです。

　現代の私たちの暮らしは，多くの人がお隣に住む人が誰で何をしていてどういう人なのか知らないほど分断化され，個人と個人の結びつきも弱まっているといわれます。また，グローバリゼーションの波が押し寄せ，個人の趣味や嗜好も多様化し，インターネットやAI（人工知能）に代表される情報技術革命が進展しています。日常的な情報伝達もSNS（ソーシャル・ネットワーキング・サービス）やEメールで済ませることができるなど，とても便利さを感じます。

　一方で，そうした便利さがあったとしても，人間関係とコミュニケーションの問題は人々の悩みの第一位を占めるようになり，その問題を象徴するような事件も続出しているようです。やはり，人間だけができること，つまり，お互いの思いを受け取り，返すというコミュニケーションの意味がここにあるといえるでしょう。

　アサーションは，どこでも通用するコミュニケーションの基本的な考え方と方法です。人間関係が豊かになることへの気づき，人と人とが顔を向き合わせて相互の信頼を築くコミュニケーションを取り戻す必要があると思います。

■ 表面的なお互いの意志

　伝えたいことを正確に伝える，これは簡単そうでも実際には難しいようです。次の例で考えてみましょう。皆さんは似たような経験をしたことはありませんか。

　大学生のあなたが，友人のBさんからAというロックバンドのコンサートがあるので「一緒に行かないか」と誘われました。それは，2ヶ月前に「今度，一緒に行こうね」と話し合っていたからです。その時は，「いいよね，一緒に行こうか。Aのバンドって素敵だよね」と話を合わせていたのです。5千円という値段のチケットを買って，アルバイト先の店長にシフトを変えてもらって時間をつくり，わざわざコンサートに行くことになりそうです。実は，あなたの好きな音楽とは全く違っていたのです。このようにその時には話を合わせて会話していて…，ということが日常の中でも，よくあるのではないでしょうか。

　もしも，あなただったら，この後どのように考えて対応するでしょうか。もしかすると，この誘いを断れば，「友人のBさんとの関係が悪くなってしまう」と思うでしょうか。また，好きでもないバンドのコンサートに一緒に行くことが，友人Bさんとの関係をよくすることになると考えるのでしょうか。冷静になって考え

てみましょう。

筆者は，2ヶ月前に自分が話した言葉を思い出して後悔します。次に，せっかくのお小遣いを好きでもないことに使いたくないし，逆に，アルバイトをしてお小遣いをもっと稼ぎたい，と思います。さらに，友人Bさんに対して「どうして，思い出しちゃうのか。どうして，私を誘うのか，他の人を誘えばよいのに！」と逆恨みするかもしれません。でも，断りきれずに一緒に行った場合，もしかしたら，友人Bさんが，コンサート中にあなたがあまり楽しそうにしていない様子に気づいて，「せっかくのコンサートなのに不機嫌そうな顔をして，なんかイヤな感じ！」と思うかもしれません。

■明確にしなかった注文

今度は，あなたが美容院に行った場面を想像してみましょう。今日は普段あなたが利用する美容院の定休日だったので，初めてのお店に入りました。美容師さんがあなたに「今日はどのようにしますか？」と尋ねてきました。あなたなら，どのように伝えますか。例えば，「軽めにサッと切ってもらって，前髪は重くならないようにお願いします」と，行きつけの美容師さんにいつも頼むように伝え，ファッション雑誌に集中できますか。もしも，そのようにした場合には，「終わりました，これでどうでしょうか」と声をかけられて，読んでいた雑誌から目をあげて，鏡を見てみると，唖然としてしまうことになるでしょう。馴染みの美容院であったら，これで満足のいく結果が得られたかもしれません。自分の思っていた髪型と全く違う！「前髪が…いつもよりも短過ぎる。どうしよう！？」

あなただったら，相手を恨みますか。その美容師さんに文句を言いますか。または，このお店に来てしまった自分を責めますか。美容師さんは，不満そうなあなたを見て，申し訳なく詫びるかもしれませんが，明確に指示を出さなかったあなたを心の中で責めたてるかもしれません。

この場合では，あなたも，美容師さんも，アサーティブなやり取りを共にできるかどうかに，起因します。あなたは，その美容師さんに，最大限の敬意を払ったつもりでお任せにするのか，それとも，馴染みの美容師さんには簡単な指示でやってきたからなのか，あるいは，初めての美容師さんに指示することに遠慮してしまうのか。いずれにしても，あなたが自分の希望をわかり易く明確に伝えるかどうか，に委ねられます。また，美容師さんの側としては，新しいお客であるあなたに対して，曖昧な指示でもすぐに理解できる自分をアピールするかどうか，美容師としての自分の技術に絶対的な自信を持っていたとしたらどうするのか，あるいは，あなたに対して，細かい質問をすることが億劫かまたは躊躇してしまうのか，いずれにしても，あなたに対して明確な質問を行っていくかどうかに委ねられることになります。

■円滑な人間関係を構築するアサーション

私たちは誰もが，家庭で，職場で，友人間等で，心地よい会話を楽しみたいと望んでいます。しかし，これまでの例からもわかるように，ほんの些細なやり取りの心の不整合から嫌な気持ちになり，自分を責めたり，相手を責めたり，時には，自己憐憫に陥ったり，相手を憎悪したりするようなことがあるようです。そして，こうした自己や相手に対する不満や憎悪が時に爆発し，関係の修復さえ不可能な状況に至ってしまうようです。極論をいえば国家間の戦争も，国の首脳同士によるコミュニケーション不全から起こる場合が多いのです。お互いがお互いの意思疎通を図りたいと思うからこそ，会話を重ねていくし，コミュニケートするはずなのに，どうして，その反対の結果を生んでしまうのでしょうか。自分の気持ちをきちんと表現し，言いたいことを主張しながら，相手を不快にさせず，相互に尊重し合うことができないのは，どうしてなのでしょうか。

アサーションとは、このような課題を解決する技法であり、心の持ちようを指します。自分の主張があれば正々堂々と伝えるとともに、相手の意見もしっかりと尊重する。そのようなコミュニケーションを身につけると、お互いが不快な気持ちになることもなく、相手の主張も理解することができるようになります。アサーティブな考え方、そしてアサーティブなコミュニケーションを身につけることが、時には譲ったり譲られたりしながらも、しなやかで心地よい人間関係づくりと、生き方そのものを身につけていくことになります。

次のエクササイズでは、このアサーティブなコミュニケーションについて自分の日常的な場面での実行度合いを探ってみること（棚卸し）をとおしながら自己分析をすすめ、効果的なコミュニケーションのあり方を考えてみましょう。

エクササイズ『アサーションの棚卸し』

　よりよい人間関係づくりの実現にむけて，人との信頼関係，親密さ，思いやりをどのように育むのかなど，アサーション（自他尊重の自己表現）の特徴・考え方に基づく質問に答えながら自分の日常的なコミュニケーションを探索し，効果的なコミュニケーションのあり方を考えていきましょう。

　このエクササイズは，平木（2009）『改訂版 アサーション・トレーニング―さわやかな〈自己表現〉のために』にある「アサーション度チェックリスト」を基に筆者が作成したもので，どのような時期でも個人で取り組めるものです。

▶このエクササイズで学習できること

　このエクササイズでは，自分の気持ち，考え，信念などが素直に表現できているか？ 自分のアサーション（自他尊重の自己表現）がどうなっているのかの検討をとおして，自分と相手の人権と自由を尊重する，効果的なコミュニケーションのあり方を考えてみます。
○人権と自由を尊重するアサーション（自他尊重の自己表現）を学びます。
○日常的なアサーションの探索をとおして，効果的なコミュニケーションを考えます。
○自分の気持ち，考え，信念など，素直な表現に見直すきっかけにします。
○アサーティブな考え方・言動から，人間関係づくりのあり方を学びます。

▶エクササイズのすすめ方（所要時間約60分）

1．アサーション（自他尊重の自己表現）の考え方に基づく質問が次頁にあります（平木，2009『改訂版 アサーション・トレーニング―さわやかな〈自己表現〉のために』より）。まず，あなたが日常の中で他者とどのように関わっているのかを考えて，現在のアサーションについて該当するいずれかを次より選択してください。（10分程度）

　次頁の20項目の質問に，〈はい：（いつも）できる〉，〈いいえ：（ほぼ）できない〉，〈ときどき：（時々）できる〉の3つの答えの中から選んで四角い枠の中に○を記入してください。こうあるべきとか，こうありたいと答えるのではなく，しっかりと「今の現状」を把握できるように理想や期待で答えないように注意して記入してください。

2．次に〈はい：（いつも）できる〉と回答した質問の中で，相手に対して否定的な感情があったり，怒りを攻撃的に表現したり，相手を無視するような意図があるものを◎にします。（5分程度）

3．全部つけ終わったら，チェックのつけ忘れがないか，それぞれの質問ごとに該当する箇所を○で囲んだかどうかを確かめてください。全部つけ終わったら，p.22の集計表①，②の要領を読んで，集計作業と自分の"アサーション"のプロフィールをつくりバランスを検討しましょう。また，複数人で実施した場合には自分の結果と他者の違いを比較すると，興味深い発見があるでしょう。（20分程度）

4．次に，「プロセスシート」（p.27）の記載事項を基に，自由に記入しましょう。（15分程度）

5．記入が終わったら，p.28の「コメント」および「小講義」に目をとおしていくと，さらに学習を深めることができるでしょう。（10分程度）

2 うけいれる

No.	『アサーションの棚卸し』検討表（No.1〜20） 質　問	はい	いいえ	ときどき
1	あなたは，誰かにいい感じをもったとき，その気持ちを表現できますか。	□	□	□
2	あなたは，自分の長所や，なしとげたことを人に言うことができますか。	□	□	□
3	あなたは，自分が神経質になっていたり，緊張しているとき，それを受け入れることができますか。	□	□	□
4	あなたは，見知らぬ人たちの会話の中に，気楽に入っていくことができますか。	□	□	□
5	あなたは，会話の場から立ち去ったり，別れを言ったりすることができますか。	□	□	□
6	あなたは，自分が知らないことや分からないことがあったとき，そのことについて説明を求めることができますか。	□	□	□
7	あなたは，人に援助を求めることができますか。	□	□	□
8	あなたが人と異なった意見や感じをもっているとき，それを表現することができますか。	□	□	□
9	あなたは，自分が間違っているとき，それを認めることができますか。	□	□	□
10	あなたは，適切な批判を述べることができますか。	□	□	□
11	人から誉められたとき，素直に対応できますか。	□	□	□
12	あなたの行為を批判されたとき，受け応えができますか。	□	□	□
13	あなたに対する不当な要求を拒むことができますか。	□	□	□
14	長電話や長話のとき，あなたは自分から切る提案をすることができますか。	□	□	□
15	あなたの話を中断して話し出した人に，そのことを言えますか。	□	□	□
16	あなたはパーティーや催しものへの招待を，受けたり，断ったりできますか。	□	□	□
17	押し売りを断れますか。	□	□	□
18	あなたが注文した通りのもの（料理とか洋服など）がこなかったとき，そのことを言って交渉できますか。	□	□	□
19	あなたに対する人の好意がわずらわしいとき，断ることができますか。	□	□	□
20	あなたが援助や助言を求められたとき，必要であれば断ることができますか。	□	□	□

※否定的な感情，攻撃的な表現，相手を無視する意図がある（相手への配慮に欠ける）場合◎をつける。
出典：平木(2009)『改訂版 アサーション・トレーニング——さわやかな〈自己表現〉のために』「アサーション度チェックリスト」(pp.13-14，日本・精神技術研究所）を基に，筆者が表題および回答項目「ときどき」を加筆，再編した。

『アサーションの棚卸し』集計表①

◆検討表の各項目（質問）にすべて答えているかを確かめてください。検討表の各項目（質問）のチェックしている欄ごとを確かめて該当するところに○印をつけます。

No.	はい	いいえ	ときどき	集計表②（項目）
1	3	0	1	E
2	3	0	1	A
3	3	0	1	D
4	3	0	1	E
5	3	0	1	D
6	3	0	1	B
7	3	0	1	E
8	3	0	1	C
9	3	0	1	A
10	3	0	1	C

No.	はい	いいえ	ときどき	集計表②（項目）
11	3	0	1	B
12	3	0	1	D
13	3	0	1	C
14	3	0	1	C
15	3	0	1	A
16	3	0	1	E
17	3	0	1	A
18	3	0	1	B
19	3	0	1	D
20	3	0	1	B

『アサーションの棚卸し』集計表②

次に，以下のA～Eの区分ごとに得点を記入，合計して，プロフィールを作成しましょう。
◆ A～E，各項目の合計点を，該当箇所に印をつけて，5つの印を線で結ぶと完成です。
◆ 予想していたこと，異なっていたこと，プロフィールバランス等をわかちあいましょう。

A		B		C		D		E	
No.	数値	No.	数値	No.	数値	No.	数値	No.	数値
2		6		8		3		1	
9		11		10		5		4	
15		18		13		12		7	
17		20		14		19		16	
計		計		計		計		計	

（再計）※以下，手順2で◎にしたNo.の数値は記入せず試算してください。

自分から働きかける言動	No.	数値	No.	数値	人に対応する言動	No.	数値	No.	数値
	1		7			11		17	
	2		8			12		18	
	3		9			13		19	
	4		10			14		20	
	5		小計			15		小計	
	6					16		合計	

アサーションのプロフィール

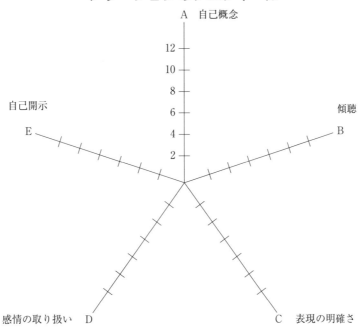

【分析・評価】
　自分の"アサーション"について，どのような結果を予期していたのか，実際に検討・集計してみた結果をうけて，わかったこと，気づいたことなど，自由に記入しましょう。

A．自己概念（自分は何者か）　　　　　　B．傾聴

C．表現の明確さ　　　　　　　　　　　　D．感情の取り扱い

E．自己開示　　　　　　　　　　　　　　※「自分から働きかける言動」

　　　　　　　　　　　　　　　　　　　　　「人に対応する言動」

作成したプロフィールの項目ごとに，日頃のあなたの言動がアサーティブな自己表現なのかどうか，効果的なコミュニケーションの要素ごとにどのくらいできているのかを知ることができるようになっています。

項目のAからEの合計のうち，数値が多い項目はどれだったでしょうか。

もし，11点または12点の項目があれば，あなたの自己表現はその項目について，日常的に上手くできているでしょう。また，1点または0点の項目があれば，あなたの自己表現はその項目について，日常的にできていない状態にある（以下の1）または2）タイプ）ことを示しています。また，それ以外の点数の項目は，どのような傾向が自分にあるのか，さらに，「自分から働きかける言動」「人に対応する言動」とは何なのか。以下の3つのタイプを読んでこれからの参考にしてみてください。

なお，このエクササイズをとおして算出された数値は，「アサーション度チェックリスト（平木，2009）」を基に「効果的なコミュニケーションのための5つの要素（船木，2017）」の「バランス」を示すために用いたものです。また，5種類に割り振りを行った編集上の見解は，文字を読んで行う文章の解釈であるが故に人によって「異なる」場合も考えられます。そのことを踏まえていただいたうえで，つぎの解説に目をとおしてください。

■人間関係のもち方の3タイプ

1）自分よりも他者を優先し自分のことを後回しにする（非主張的自己表現タイプ）

あなたは自分の意見や感情表現を我慢していて，あいまいな言葉遣いや言い訳するように話すなどして，どっちつかずの態度をとっています。他者を尊重しているように見せても，自信のなさや卑屈な思いがその背景にあるので，そのうち人間関係づくりが面倒になり，他者との信頼関係を意識するタイプではありません。

2）自分のことだけを考えて他者を踏みにじる（攻撃的なタイプ）

自分の意見を全面に出すことで自分の権利を守っています。自分に正直だと捉えることもできますが，他者の意見や感情を否定し，押し込めるような態度は横暴ともとれ，他者を尊重していないものです。これでは，相手との関係づくりができないし，自分も後味が悪くなっているタイプです。

3）自分のことをまず考え他者にも配慮する（アサーティブなタイプ）

繰り返しますが，アサーティブとは，自分も相手も配慮する，という自己表現のことです。自分の考えや感情をその場面に適した表現で用います。また，相手の考えや感情もありのままに表現してほしいと考えて，相手には相手の主張があるから尊重しよう，という意識の基で，自分の考えや感情も主張をする，というタイプです。

では次に，あなたの効果的なコミュニケーションの視点からは，どうなっているのか，Aから順に解説していきます。

■A．は，"自分"のことをどれだけわかっているのかについての得点（自己概念）

船木（2017，p.48）は"自己概念"について次のように説明しています。

私たちは，相手から自分が「どのように扱われているのか」によって「自分は何者であるのか（自己概念）」を学んでいきます。具体的には，親からは子どもとして，兄・姉からは弟・妹として，他者からは友人としての「扱い」を受けて「自分は何者なのか」を学んでいるということです。周囲の人々から「どのように扱われているのか」，それはつまり，生きていくうえで重要な人たちからの尊敬，愛情，指示，そして受容されていることが学びに必要といえるでしょう。

しっかりとした肯定的な自己概念を持つため

には，人とかかわっている時に自分がどのような「態度」，「行動」をしているのかを，自分がどれだけわかっているのかが問われます。したがって，人と関わっている時に自分はどうしているのか，グループで話し合っている時，あるいは家族といる時の自分，仕事をしている時の自分…など，自分がどうしているのか？ いろいろな角度から光を当てる機会をもつこと。自分のことをたくさん知って，自己概念をどんどん広く，豊かにしていきましょう。

■ **B. は，"聴くこと"についての得点（傾聴）**

星野（2003）は"聴くこと"について次のように説明しています。

"聴くこと"とは，相手の話していることが，ただ，こちらの耳に生理的に聞こえているというのではありません。相手の立場に立って相手の言いたいことを，ゆがみなくそのままとらえることができること，まさに耳を傾けるということです。

ここでも，相手中心であることが大切になります。（中略）話の内容だけではなく相手の気持ちもとらえること，評価，判断しないこと，きちんと反応していくことなどが期待されます。

(星野，2003 p.60より)

■ **C. は，"誤解が起こりにくい話し方"についての得点（表現の明確さ）**

また，星野（2003, p.60）は"誤解が起こりにくい話し方"について次のように説明しています。

"誤解が起こりにくい話し方"とは，
① 自分が相手に伝えたいことをどれぐらいはっきりした言葉で，しかも具体的に表現できているかということです。そのためには，まず自分が何を伝えたいかが明らかになっていることが必要となります。私たちは，案外そのあたりがはっきりしていない，あいまいであることが多いのではないでしょうか。そのために誤解が生まれていることもたくさんあると思います。
② （中略）誤解が起こりにくい話し方をするためには，できるだけ具体的に表現することです。
③ 話しながら，自分がどれくらい相手のことを思っているかを表現することで，誤解を防ぐことができます。いわば，相手中心の話し方をするのです。具体的には，相手にわかりやすい言葉を使ったり，相手が聞いてくれているかどうか，相手の感情などに目を向けたりすることです。

■ **D. は，自分の感情を効果的に扱うことについての得点（感情の取り扱い）**

船木（2017, pp.48-49）は"感情の取り扱い"について次のように説明しています。

一般的な人付き合いでは，自分の感情は，怒りにしろ，喜びにしろ，あまり表に出さないほうが上手にいくと思っている人が多いようです。しかし私たちは，自分自身の気持ちを表して相手に「聞いてもらいたい」，その気持ちに「応えてもらいたい」という基本的欲求を持っています。したがって，怒りのような感情も破壊的に表に出すのではなく，建設的に表現することで欲求を満たすことができます。

建設的な感情表現のための参考としてつぎの6つを挙げておきます。
① 今の自分の感情に気づいていること
② 自分の感情を認め，それを無視しない・否定しないこと
③ 自分の行動と感情の責任は，すべて自分にあることを知っていること
④ 自分の感情を探ってみること
⑤ 自分の感情（今，自分が自分の中で経験していること）を隠さずに述べてみること
⑥ 自分の感情と意思を統合していくこと

■ **E. は自分のことを相手に開示することの得点（自己開示）**

船木（2017, p.49）は"自己開示"について

次のように説明しています。

　あなたが相手の話を聞いて、「そういえば私も…」「私の場合は…」というように、自分の経験や考えを話すことを"自己開示"といいます。自分のこと（特に、考え、気持ち、意見、特徴など）を包み隠さず相手に開示する能力は効果的コミュニケーションにとって大切です。相手に自分のことを隠さずに打ち明けると、相手はあなたのことをより知ることになります。これはまた、相手の自己開示を引きおこし、よりお互いを知ることができるという相互の循環過程を生みます。自分が自分であるという確信がもてると、人は自分の考えや気持ちを素直に表すことができます。自分自身を受容できると、成功や喜びだけでなく、失敗も相手とわかち合えるようになります。このように自己開示できる人は健康な人格をもっていると考えられます。

　自己開示の妨げは、自分は愛される値打ちがない、受け入れられないと思い込んでいる時に現れる他者に対する恐怖心、不信感です。そのような時のコミュニケーションは、よそよそしい感じを相手に与えるでしょう。

　一方、人は自由で善意に溢れた雰囲気の中では、どんどん自己開示できるようになります。この"信頼・善意"を生み出すためには、誰かの自主的な自己開示の冒険がきっかけになっていきます。信頼・善意は自己開示を促すことになり、さらに信頼・善意と理解を生み出していくことにつながるからです。効果的なコミュニケーションをする人はまた、コミュニケーションのためのよい環境を作り出す人でもあると言えるでしょう。

『アサーションの棚卸し』プロセスシート

1. 自分のアサーションの棚卸し，プロフィールを作成して，気づいたこと，感じたこと。

2. 自分の効果的なコミュニケーションについて，気づいたこと，感じたこと。

3. その他，気づいたことなどを自由に。

コメント

　さて，あなたの「自己表現」の状態は，どのようなものだったでしょうか。

　このエクササイズでは，自分と相手の人権と自由を尊重し，自分の気持ち，考え，信念などが素直に表現できているのか？　自分のアサーション（自他尊重の自己表現）がどうなっているのかを検討してきました。また「自分から働きかける言動」「人に対応する言動」についても，ちょっとした自分なりの傾向が見えた人もいたのかもしれません。今の自分がどのような時に自己表現をしていて，どのようなことを考えていたのかを，見つめてみる機会になったと思います。

　仕事や生活の中では，今の自分がどのように自己表現してきたのかを意識してみることがほとんどないと思います。思い返してみると私たちは，私たちが社会に適応していくうえで，受け入れられやすい考え方や，行動様式をいつの間にか身につけていきます。しかし，それは逆に，いろいろな場面における適切な行動の仕方，自己表現の仕方について，そのためのスキルや方法を習っていないということでもあります。つまり，私たちの多くがなかなかアサーティブになれない最大の理由は，アサーションのスキルを持っていないからだと考えられるのです。

　私たちの多くは子どものころから対人関係のスキルを身につけ始めるので，子ども時代を取り巻く親や大人の言動が大きく影響していきます。また，思春期，青年期になると，同世代の仲間との付き合いが増えていきます。このような仲間から対人関係のスキルを学ぶチャンスが多くあるのですが，自分から「どうすればよいか」を尋ね合うような機会はほとんど無かったのではないかと思います。対人関係のスキルも，ピアノやゴルフと同じように，学習し，繰り返し実行するという訓練を行って初めて身につくのです。

　しかし，スキルのない人たちは，他の人々のスキルが，幼いころからの実行の積み重ねによって身につけたものだとは考えず，自然にできるようになると思っているようです。日常生活の中で，他者はあなたの自己表現のまずさに気づいてはいても，なかなかそれを指摘してくれませんし，自分の言動は他の人が見えるように，自分で見たり聞いたりするのは実際には困難です。したがって，対人関係のスキルを身につける機会がなかった人は，それを学び，訓練すればよいということになります。

　このエクササイズは，ある状況の中で自分がどう考え行動するのか，相手との関係のあり方を見直すためにも参考になるものです。まず，今の自分をそのまま受け入れることが，とても大切です。そして，自分のプロフィールのバランスをみながら，今後アサーティブな自分になるための参考にしてほしいと思います。

　また，効果的なコミュニケーションを意識していくうえで，今後どうしたらよいのか？　などのレポートを書いてみるのもよいと思います。このように自分自身のことを文章にする過程では，これまであまり意識してこなかったことが重要なヒントを与えてくれるなど，新しい自分を発見しやすくなるように思います。

小講義　人権としての「アサーション権」

アサーションを意識したコミュニケーションをすれば，自分に偽ることなく正々堂々と主張が可能になり，かつ，相手のことも尊重できるということが理解できると思います。アサーティブな考え方，そして，その表現の仕方によって，コミュニケーションの質は大きく向上します。したがって，アサーションがうまくいかない場合は，物事の捉え方そのものを見直す必要があると考えられます。表2-1は，攻撃的，アサーティブ，非主張的な思考が比較できるように，その例をまとめたものです。

■明確なアサーティブの判断基準

アサーティブな対応が望ましいとわかっていても，現実には，アサーティブに話してもよいだろうかと迷うような状況があるのではないでしょうか。相手によって頼まれごとに対する対応が異なったり，昨日と今日とで同じ状況に対する対応が変わってきたりなどです。人間社会そのものが矛盾をはらんだものである以上，こうしたことは一方で仕方のないことです。他方で，このような対応が生じる原因は，私たちそのものが自己の判断と行動に明確な指針を持っていないこと，自信を有していないことにあります。こうした状況を，アサーションの第一人者である平木典子先生が著書『改訂版　アサーション・トレーニング—さわやかな〈自己表現〉のために』の中で「アサーションをしていいかどうかに自信がもてないとき，もし，私たちに，明確な判断基準があれば，もう少し楽に行動の決断をすることができそうです。」と述べています（平木，2009，p.49）。つまり，このような，心と行動の不一致はアサーティブな考え方，言い方以前の問題であり，アサーションをするか否かについての明確な判断基準を私たちが有していないことに問題があるといえるのです。ここでは，このような判断基準としての「アサーション権」を説明していきます。

表2-1　アサーティブな思考方法

攻撃的	アサーティブ	非主張的
私の判断は正しい。	私にとって新しいチャレンジだ。まずは試してみよう。	私にはできない。
私ではなく相手が私の望むとおりに行うべきだ。	私にとってやらないほうがいいだろう。	私はそれをしてはいけない。
私が相手にやらせるべきだ。	私にとってやったほうがいいだろう。	私がやるべきだ。
私は素晴らしい。相手は駄目だ。	私の価値はひどく高いわけでも低いわけでもない。	私はダメな人間だ。
自分以外の意見は最低だ。	誰でも自分の意見があり，意見が異なったときは解決することができる。	相手の意見が正しい。
物事が私の望んでいるように運ばないのは最低だ。	物事を私の望んでいるように進めたいが，必要なら譲歩できる。	物事が私の望んでいるように運ばないのは最低だ。

山崎・平林（2018）『未来を拓く キャリア・デザイン講座』（中央経済社）より，一部引用，改変

■基本的人権としてのアサーション権

アサーション権は生まれながらにして人が有する基本的な「人権」として位置づけられています。私たちは等しく人を愛し愛される権利を有しているという意味であり、お互いが尊重され大切に扱われるべき存在であるということです。ですので、歴史的には人種差別反対の基盤にもなり得ますし、女性解放運動や宗教的違いに基づく差別、またはあらゆる少数派に対する保護の基礎たり得る重要な人権として意味があります。このようなアサーション権は細かく分類すれば100以上もあるようです（平木，1993 p.58）。

ここでは（平木，1993）で紹介している重要な5つの権利を基に、筆者が解説します。

■アサーション権1：「尊重され大切に扱われる権利」

これはアサーション権の中でも最も基本的で重要な概念を含んでいるといえます。なぜならば、自分が尊重されたければ、相手も尊重しなければならないという相互信頼と相互扶助の概念を根底に有しているからです。あなたが本心を押し殺して謙虚なつもりで相手に何事かを譲ることもあるでしょう。しかし、いつもそうしていることは、相手にあなたを誤解させてしまい、あなたの本心に嘘をつくという二重の責を負うことにもなります。相手に譲るのであれば、あなたの本心も打ち明けたうえで、相手にそうすることを伝えましょう。そうすれば、あなたの心に嘘をつくことなく、相手に対してもよいことをしたことになります。次回は相手があなたを尊重して譲ってくれることもあるでしょう。人と人とのやり取りは一方通行ではいつか破たんします。お互いが謙虚に思いを伝えたうえで相手を尊重し譲りあうことが、人間関係をスムーズに運ぶ秘訣であるといえましょう。

■アサーション権2：「選択決定の自由とその結果に伴う義務を有する権利」

これは自己の行動は自分が決定し、その決定から生ずるいかなる成否も自己に帰属することを意味する権利です。つまり、あなたは何を言おうとしゃべろうとも自由なのです。しかし、その自由の代償としての結果について、責任を有するのです。相手に命令されて何かをしたとしても、その何かをすることを決定したのは他ならぬあなたなのです。何かをしたことによって得られた名誉も報酬も、または時間の喪失や浴びた非難も、全てあなたがその選択をした結果、生じた事象なのです。ですから、選択した者は自分であり、決定する主は私なのだということを確認して、行動の決定権をいつも自分で握っていたいものです。

■アサーション権3：「失敗してその責任を取ることのできる権利」

人は失敗をします。失敗を繰り返すから成功もするのです。失敗することができないのであれば、だれも挑戦しません。挑戦することができなければ、物事は進歩しません。失敗できることは素晴らしいことであり、失敗したらその責任を取れる権利を私たちは固有に有しているのだと理解すると、力が湧いてこないでしょうか？　この権利は別名「人間の権利」と呼ばれます。神様は失敗をすることがないので、この権利を持てないのです。完璧ではない私たちのみ有することのできる権利であり、成長の源としてのアサーション権といえるでしょう。

■アサーション権4：「支払いの正当な対価を得る権利」

買い物をして、明らかに正当なサービスを受けることができなかった場合に、売り手に気兼ねをしてしまい、文句が言えない場合があります。言うことにより相手との葛藤が生じることに臆してしまうとしても、言わないことで、自

分の中で不満がたまったり，または自分を責めたり卑下してしまうこともあり得ます。相手側にとっても，お客から適切なフィードバックを得られなかったことが，後々の評判や，その顧客の喪失につながってしまいます。支払いの正当な対価の授受につき，アサーティブなコミュニケーションをしなかったことは，結局のところ，売り手と買い手の両方に損失を与えるのです。ですので，この権利は，私たちは支払いに見合ったものを得る権利があり，これをアサーションすることは双方のWin-Winにつながるのだということを理解しましょう。

■アサーション権5：「自己主張をしない権利」

アサーションしてよい権利とは，アサーションをしないことを選択できる権利でもあります。つまり，自分がどうしたいのかを選択・決定できることがアサーション権なのですから，非選択することを選択できるのも当然です。アサーティブにならなければならない，と考えた時点でそれは既にアサーションにはなり得ません。アサーションの本質とは，権利と義務の実行主体はあなた自身なのだ，ということです。したがって，行使したくないと選択することも立派なアサーションなのです。いずれにしても選択・非選択の結果はあなた自身が負うのであると自覚することが重要です。

■義務の履行とアサーション権

このように，アサーション権はとても広範な内容を含みますが，注意が必要です。全ての権利において同じですが，権利は，行使する人間と行使される人間の関係性にも影響されます。つまり，そのアサーション権を固有に有しているからといってそれが保障されているとはいえないということです。人権として付与される権利は尊重されるべきですが，人は社会の中で役割を伴いながら生活をしている以上，その役割に付随した権利と義務が存在するということです。具体的には，上司と部下，先生と生徒等，そのグループやコミュニティの中で取り決められたローカル・ルールという範疇で有効な権利と義務があるということです。これらと，人権としてのアサーション権をないまぜに考えてしまうと，時にはうまくいかないこともあるでしょう。そのような時には所与としてのアサーション権と役割に伴う権利と義務を分けたうえで，アサーティブな考え方を用いながら主張をすることが，相手に受け入れられ，自分の意見を尊重してもらうコツです。前述の平木典子先生は「権利は，所与のものと約束によるものがありますが，義務は約束によって生じることが多いと考えることができるでしょう。」（平木，1993，p.76）と述べています。

気づきの明確化シート　――うけいれる――

1．『アサーションのプロフィール』と【分析・評価】の記入内容を見ながら，気づいたこと感じたことを，思いつくまま記入（箇条書き）しましょう。

2．そのような事柄に影響したと考えられることで，思いつくことがあればいくつか記入しましょう。

3．これからもう少し大切にしていきたいと思うことがあれば，記入しましょう。

4．「うけいれる（自他尊重のコミュニケーション）」について，気づいたこと，学んだことなどを記入しましょう。

5．その他，気づいたこと，感じたことを自由に記入しましょう。

3

むきあう

不合理な信念とむきあう

　私たちは朝目が覚めて，夜寝るまでの間に様々な経験をします。しかしながら，その経験をどのように感じ，どのように見えているかは人それぞれ違います。友人と同じ映画を観たとしても，感動した場面が違ったという経験はよくある話です。それと同じように，出来事に対する反応も人それぞれ違います。例えば，職場や学校で上司や先生から叱られたという出来事に対する反応は，人によってかなり違います。傷つく人，ムッとする人，落ち込む人，なにくそと発奮する人，自分のことを思ってくれていると感謝する人等々。この違いはどこから来るのでしょう？　それは，通常「性格」の違いと判断されることが多いでしょう。「あの人は怒りっぽい」「あの人は前向きな性格」「あの人は明るい性格」「あの人は物おじしない」「あの人は慎重な人」「あの人は傷つきやすい性格」「あの人は○○な性格」などです。性格は生まれ持った気質と，育った環境や果たしてきた役割によって形成されます。そしてその性格は，出来事に対する反応として行動に繋がっていくのです。

　私には4つ年の離れた弟がいます。両親は働いていましたので，小学校の頃から弟と留守番をすることが多く，両親からは「お姉ちゃんだから，弟の面倒をお願いね」と言われて育ちました。母は「○○ちゃんが弟の面倒を見てくれて助かったわ。ありがとう」といつも言ってくれました。私は「弟の面倒を見ることで大好きな母が喜んでくれる。弟も私がいることで，寂しい思いをしないで笑顔でいてくれる。弟は私が守る。姉は弟の面倒を見なければならない」と強く思うようになりました。そして，自分が世話をすることで相手が喜んでくれるという経験は，「お世話好き」「人に頼まれたらNOと言えない」「困っていると助けたくなる」「おせっかい」などの性格形成や行動に繋がっていきました。

　このように，私たちは育った環境や立場によって形成された性格や思考を基準に出来事に対する反応，行動を起こすのです。

■思考と行動

　私の中には「姉として弟の面倒を見なければならない」「お世話をするのは私の役割である」というような「〜ねばならぬ」「〜すべきではない」といった思い込み（信念・ビリーフ）がありますので，「誰かの役に立つことは，素晴らしいことである」という基準で行動することが多いです。しかし，自分が人の役に立てない出来事に直面すると，「自分は人の役に立てないダメな人」と自分を責めて落ち込みます。このように，自分の中にある「〜でなければならない」「〜であるべきだ」「〜であるはずだ」「〜であってはならない」「〜などありえない」という思い込み（信念・ビリーフ）が行動と感情の浮き沈みに影響を与えているのがわかります。つまり，よくない出来事と感情の間に，その出来事に対する受け止め方，考え方というものがあり，それが感情的な反応の違いを生み出

しているのです。

ただ，このような思考は長年思い込んでいて当たり前のことだと思っている，半ば無意識化された自分の考えのパターンです。そして自分が無意識的に選択し続けている，こだわり続けている思い込み（歪み）です。ただそれは，無意識化されているので，なかなか気づくことができません。

■不合理な信念（ビリーフ）

それでは，私たちの考え方の中にある歪みを見つけていきましょう。

それらをさらに種類別，対象別に分けて詳しく見ていくと不合理なビリーフ（信念や思い込み）はその内容で，以下のように4種類に分けられます（國分，1991）。

1）「ねばならぬ」ビリーフ

ある物事について，いつ・どこでも自分の思いどおりにならねばならない，という心の中の要求を意味しています。例えば，「就職活動は絶対に失敗してはならない」「いつも態度は明るくしていなければならない」などです。ある意味向上心が高いようにも感じられそうですが，「ねばならぬ」を実現できない自分に直面するたびに嫌な気分になってしまいます。

2）悲観的ビリーフ

完璧な基準に届かなければすべて失敗，と決めつけてしまう思考のことです。そのため，目標達成の意欲を低下させてしまいます。例えば「志望動機を言えない自分はもうダメだ」「資格がゼロではどうしようもない」などです。これは「ねばならぬ」とも関連してるものです。

3）非難・卑下的ビリーフ

不都合な状況を自分や他人，社会など，さまざまな人やもののせいにする思考のことです。例えば，「面接にも進めないのはダメ人間だ」「こんな短期間で人生の重要な決断をさせる社会が悪い」などです。これは，自分を能力の無い人間だとみなすことで問題解決に向かわなくさせます。

4）欲求不満低耐性ビリーフ

自分は「何事にも耐えられない頼りない人間だ」と自分自身に思い込ませてしまう思考のことです。例えば，「就職活動に長期間縛られるのは我慢できない」「ストレスのかかる面接には耐えられない」などです。これは，自分が忍耐力も何もない人間だとみなすことで苦労知らずの生き方をしていくことになります。

エクササイズⅠ 『不合理な"信念"の棚卸し』

　人は自分のものの見方や考えに基づいて行動しています。そこで，このエクササイズでは，自分が今，上司や同僚，もしくはパートナー，仲間との関わりの中でどのような信念を持って生活し関わっているのか？　それが合理的なスタイルなのかどうかを検討します。

　このエクササイズは平木（2009）『改訂版 アサーション・トレーニング──さわやかな〈自己表現〉のために』を基に，どのような時期でも個人的に取り組めるように筆者が作成したものです。

▶このエクササイズで学習できること

　このエクササイズでは，自分の信念（ものの見方や考え方）がどのようなものなのか，を検討します。自分が持つ信念は合理的なのか，非合理的なのかどうか，日頃の行動にどのような影響を与えているのか，を考えてみます。
○自分が持つ信念を検討し，アサーティブな生活スタイル（思考）への影響を考えます。
○不合理な思い込みが，どのような問題や悩みを生むのかを見つめます。
○現実的，生産的にものごとを受け止め，アサーティブな考え方・言動のあり方を学びます。

▶エクササイズのすすめ方（所要時間約30分）

　このエクササイズは，検討表の個人記入および検討表の集計（10分），「A〜Eの結果の参考に」を見る（10分），グループ討議（10分）程度を目安に進めていきます。また，続けてエクササイズⅡを行う場合にはグループ討議を行わず，エクササイズⅡのすすめ方に沿って取り組みましょう。

1．「検討表」（次頁）を用意して記入していきますが，その前に自分が日常でどのような信念を持って行動しているのかを考えてみましょう。例えば，前頁の「不合理な信念（ビリーフ）」を見て「私の信念は○○○です」というように，3分間程度の自問自答を繰り返すように行うとよいでしょう。

2．検討表には質問が10問あります。1から10までの質問項目それぞれの横列に並ぶ数値から，実際の自分に最も近い1つを選びます。現状把握を行うものなので，理想や期待で答えないように注意してください。

3．すべてに○をつけ終わったら漏れがないか確かめて，次頁の要領を読んで集計してください。また，複数人で実施した場合には，自分の結果と他者のバランスを比較してみると，興味深いことが見つかるでしょう。

4．次に，エクササイズⅡに取り組みます。取り組まない場合は，「プロセスシート」（p.41）を記入してから小講義を読んで学んでいきましょう。

エクササイズⅠ 『不合理な"信念"の棚卸し』検討表

　人は自分の考えやものの見方に基づいて行動しています。このエクササイズでは，自分が持つ考え方は合理的なのか，非合理的なのか，日頃の考え・スタイル（思考）はアサーションにどのような影響を与えているのかを検討してみましょう。

　次の検討表の1から10までの質問を読んで，あなたの日頃の考え方とどの程度一致しているかを答えてください。正しい答えや間違った答えはありません。実際の自分に最も近い1つを選びます。現状把握を行うものなので，理想や期待で答えないように注意しましょう。

　質問への解答は，日頃の自分の考えと「一致している」と思うものは点数欄の「Yes（0）」を○で囲む，「一致していない」と思うことは「No（4）」を○で囲む，「どちらともいえない」と思うものは「Both（1）」を○で囲むようにしてください。

No.	『不合理な"信念"の棚卸し』検討表 質　問	点　数 Yes	Both	No
1	自分のすることは，誰にでも認められなければならない。	0	1	4
2	人は常に有能で，適性があり，業績を上げなければならない。	0	1	4
3	人の行いを改めさせるには，かなりの時間とエネルギーを費やさなければならない。	0	1	4
4	人を傷つけるのは非常に悪いことだ。	0	1	4
5	危険や害がありそうなときは，深刻に心配するものだ。	0	1	4
6	人は誰からも好かれなくてはならない。	0	1	4
7	どんな仕事でも，やるからには十分に，完全にやらなくてはならない。	0	1	4
8	人が失敗したり，愚かなことをしたとき，頭にくるのは当然だ。	0	1	4
9	人が間違いや悪いことをしたら，非難すべきだ。	0	1	4
10	危険が起こりそうなとき，心配すれば，それを避けたり，被害を軽くしたりできる。	0	1	4

出典：平木（2009）『改訂版 アサーション・トレーニング――さわやかな〈自己表現〉のために』（pp.80-81，日本・精神技術研究所）を基に筆者が表題および点数項目を加筆した。

『不合理な"信念"の棚卸し』集計表

◆次に，以下のA～Eの区分ごとに得点を記入，合計して，次頁のプロフィールを作成しましょう。
◆A～Eの各項目の合計点を，該当箇所に印をつけて，5つの印を線で結ぶと完成です。
◆予想していたことと異なっていたことを，プロフィールを基にわかちあうとよいでしょう。

A		B		C		D		E	
No.	点数	No.	点数	No.	点数	No.	点数	No.	点数
1		2		3		4		5	
6		7		8		9		10	
計		計		計		計		計	

不合理な"信念"の棚卸しプロフィール

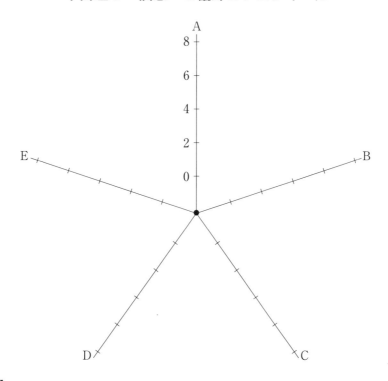

【分析・評価】
　自分の不合理な信念について，どのような結果を予想していたのか，実際に検討・集計してみて，わかったこと，気づいたことなど，自由に記入してみましょう。

A．愛情要求・受容要求　　　　　　　　B．完璧主義（失敗への恐怖）

C．欲求不満（思いどおりにならない）　　D．倫理的正当化

E．不安に対するコントロール

エクササイズⅡ 『"信念"についての合理性の検討』

　このエクササイズは，あなたが，今抱える「不安・悩み・苦痛」，様々な感情や思考を，次の手順に従って書き出すことで，その中に潜む不合理な信念に気づくことができます。また，その不合理な信念に対する「反論」を検討し，合理的な信念に修正するヒントを得ていきます。

　このエクササイズは，船木（2017）『Off-JTに活用する人間関係づくりトレーニング』にある「エクササイズ『わかる』」を基に，安達・下村（2013）『キャリア・コンストラクションワークブック』にある「ワーク 不合理な信念を修正してみる」を参考にしながら，筆者が作成したものです。

▶このエクササイズで学ぶこと

　あなたが，今抱える「不安・悩み・苦痛」，様々な感情や思考を，次の手順に従って書き出すことで，その中に潜む不合理な信念に気づくことができます。

　また，その不合理な信念に対する反論を検討し，合理的な信念へのヒントを得ていきます。
- 感情を揺さぶる「不安・悩み・苦痛」について，合理的な捉え方を学びます。
- 自分の考え方の歪みに気づき見つめ直すことで，合理的な考え方を体験から学びます。
- 不合理な信念を合理的な信念に変えるために必要なスキルを磨きます。

▶エクササイズのすすめ方（所要時間約80分）

　このエクササイズは，個人記入（20分），ペアワーク（20分）・フィードバック（20分），ふりかえりとわかちあい（10分），小講義（10分）程度を目安に，下記のすすめ方を参考に取り組みましょう。

１．個人記入

　p.40の「記入シート」には，いくつかの「枠」が用意されています。次の手順に沿って，それぞれの枠内に「感情に関すること」「その出来事」などを思い出しながら記入してください。

1）手順１：最近のチョットした出来事で今，苦痛や怒り，悩み・不快・不安に思っている「感情」を自分の言葉にしてC欄に記入してください（いくつか思いついた場合は，最もストレスを感じることを選んで記入してください）。

［記入例］
- 親から就職（仕事・勉強）についてうるさく聴かれると煩わしく感じる
- 自己PRの練習で自分の長所や短所が言えないと焦る
- 周りの人の就職活動がどのくらいの進んだのか不安になる

2）手順２：どのような状況があって，どのような出来事が起きたのか？　手順１で記入した感情の起因になったと考えられる「状況・出来事」をA欄に記入してください。

3）手順３：手順２の「状況・出来事」が，なぜ手順１の「感情」を生じさせたのでしょうか？　自分の考えを書いてください。「状況・出来事」と「感情」を結び付けている「考え方（思考）」はどのようなものなのか，思いつくままB欄に記入してください。できるだけ具体的かつ率直に，思いつくまま書き出してください。いくつもある場合は，それらをすべて書き出してみましょう。

[記入例]
- 親から就職活動の話を聴かれるたびに，進展してない厳しい現状に直面させられて，自分のダメさを痛感してしまうので煩わしく感じる。
- 就職活動で勝ち残るためには，立派な自己PRが必要で，自分の長所や短所を他者は言えるだろうが，自分はまだ言えない状況のまま本番の日を迎えて，気持ちが焦っている。
- 自分だけが進んでいないのであれば，周りの人に追いつけないほどの差がつくことになる。けれど周りの人がどこまで進んでいるのかどうか知らないので，不安になる。

4）手順4：手順3で書いた自分の考えについて，その考えが合理的なものなのか，それとも非合理的なのか？ どのような点が「不合理な信念（ビリーフ）」（p.34）のどれに当てはまるのか，自分なりによく考えてみた内容を，b欄に書いてみましょう。

なお，ひとりで行う場合は手順4までになっていますが，2人で行う場合は，手順3まで取り組んだ内容を紹介し合ってから，お互いから指摘事項を伝え合うとよいでしょう。

※3〜4人で行うこともできますが，その場合は人数分の所要時間の確保が必要です。

5）手順5：手順4でb欄に書いた内容に対する論駁（反論）を考えて，D欄に記入しましょう。手順4の内容はある特定の出来事や経験に対する考え方の1つです。「このように考える根拠は何か？」を考えてみると，より合理的なことにも気づくでしょう。

6）手順6：最後に，手順5を終えた時点で，手順3を再度考え直してみましょう。

2．ふりかえりとわかちあい

「プロセスシート」（p.41）を用意して，エクササイズⅠ・Ⅱをとおして，各自が気づいたこと，感じたことをメモして，2人でわかちあうとよいでしょう。

3．コメント・小講義

上記の取り組みをひととおり終えたら，このエクササイズで学んだことなどに関連する「コメント」や「小講義」を読んで，学習をすすめてください。なお，他の観点からまとめた「小講義」を紹介しますので，今後の参考にするとよいでしょう。

- 小講義Ⅳ「相手の心に伝える話し方」船木幸弘（著）『Off-JTに活用する人間関係づくりトレーニング』（2017, 金子書房）
- 小講義「"思い込み"あれこれ」星野欣生（著）『人間関係づくりトレーニング』（2003, 金子書房）
- 小講義「フィードバックは成長の鏡」星野欣生（著）『職場の人間関係づくりトレーニング』（2007, 金子書房）
- 「その思い込み，おかしくない？」安達智子・下村英雄（編）『キャリア・コンストラクション ワークブック』（2013, 金子書房）

エクササイズⅡ『"信念"についての合理性の検討』記入用紙

A. どのような出来事が起きたのか？

C. 苦痛や怒り・悩み・不快・不安

B. なぜ？ そう感じたのか？（どうしてほしかったのか？）

b. それは合理的な考えか？

D. どのように反論するのか？

『不合理な"信念"の棚卸し』『"信念"についての合理性の検討』
プロセスシート

1．エクササイズをやってみて，思いついたこと感じたことを記入しましょう。

2．自分が持つ"信念"にどのようなことが影響したか考えられることがあれば記入しましょう。

3．これからもう少し工夫してみたいと思うことがあれば記入しましょう。

4．その他，気づいたこと，感じたことを自由に記入しましょう。

■プロフィール作成後の参考に

　エクササイズⅠで作成したプロフィールの項目ごとの特徴を見ていくことで，あなたの日頃の言動にどの考え方が，どのように影響しているかを知ることができるでしょう。

　項目のAからEの合計のうち，数値が大きい項目はどれだったでしょうか。もし，5点または8点の項目があれば，あなたは，日常的に合理的，現実的な考え方をしています。また，2点または0点の項目があれば，あなたが非合理的な考え，思い込み，否定的自己説得の状態にあることを示しています。得られた得点と，自分の日常とを照らし合わせて，どのような傾向が自分にあるのか，自己理解を深めるための参考にしてみてください。

　ここでは，あなたの信念・思い込みはどうなるのか，Aから順に解説していきます。

A．愛情要求・受容要求

　人は誰からも好かれたい，自分を受け入れてもらいたいと思うようです。しかし，いつでも誰にでも「好かれなければならない，受け入れてもらわなければならない。そうしないと，この世界では生きていけない」と思うのは，とても非現実的で，不合理な思い込みです。このような思い込みをする人は，学校や会社の中で関わる人たちから「好かれなければ上手く関係性が築けない」と願う自分を受け入れてもらうために周囲に合わせて行動しています。例えば，相手の考えと自分の考えが違っていても自己主張することなく，相手に合わせてガマンしています。また，そのように相手に合わせる努力をすることで相手が自分を受け入れ好きになってくれると思い込んでいるのです。これでは，自分らしさという個性がある状態だとはいえません。

〈どうすればよいのか〉
- 考え方を変える
　全ての人に好かれるに越したことはないが，必ず好かれるとは限らない。まして全ての人に好かれるべきでもない，という考え方に変えてみましょう。
- 自分を知ってもらう
　自分を相手に受け入れてもらうために大切なことは，相手に自分の事を知ってもらうことです。自分の考えは相手にしっかり伝えましょう。
- 相手を知る
　相手の考え，価値観などを知ることで，相手のよいところがわかります。相手と自分は全く違う人格であるという視点を持って関わりましょう。

B．完璧主義（失敗の恐怖）

　失敗して叱られたとか，自分の行動が大きな失敗に繋がり，重大な損失を与えてしまった，という情報（経験）が「失敗は恐ろしい」という意識に繋がっています。人は誰でも失敗します。失敗を繰り返しながら学び成長をしていくのです。しかし「絶対に失敗してはいけない。いつも成功しなければならない」「常に自分の持っている能力を最大限に発揮し，よい成績を上げなければ誰も認めてくれない」と思うのは，とても非現実的で，不合理な思い込みです。このような思い込みをする人は，「失敗は悪である」と考え，「失敗する自分は無能である」と自分を責めたり，失敗した相手さえも責めることがあります。また，新たに物事を始める時でも完璧に行おうとするので，望むような効果・成果は期待できないといえるでしょう。

〈どうすればよいのか〉
- 考え方を変える
　人は失敗することもある。その失敗を糧としてさらに成長できると考えましょう。
- 自分の成長を評価する
　失敗した自分を責めるのは非合理的です。

目標を定めて，達成するには何が自分に必要なのかを考えて，達成できたこと，失敗したことから自分の成長を評価しましょう。

C．欲求不満（思い通りにならない）

人は誰でも，自分の思いどおりに事が運ぶことを好みます。しかし，思いどおりにならないことは致命的であると強く思うのは，とても非現実的で，不合理な思い込みです。このように強い思い込みをする人は，「欲求不満」に陥ります。そして自分の思いどおりにならないことに苛立ったり，思いどおりに動いてくれない相手を責めたり，時には自分を責めてしまうことだってあります。人生には自分の思いどおりと違ったことが起こることが多々あります。むしろ，思いどおりにならないことの方が多いでしょう。思いどおりにならないことに翻弄されないように，その場の状況をみて柔軟に対応するように考えましょう。

〈どうすればよいのか〉

・自分の思いを相手に伝える

自分の思いを感情的にならずに相手に伝えるためにどのような行動をとって欲しいか，事実と感情に分けて伝えましょう（アサーティブに）。相手と過去は変えることができません。しかし，相手に気持ちを伝えることはできるのです。なぜ相手がそのような行動を取ったかを聴き，自分はどうして欲しいかを明確に伝えることで，相手も考え直してくれると考えましょう。

・自分の苛立ちの原因を知る

自分が目指したい方向はどこなのか。また，なぜそのような状況になってほしいのか。自分自身の望みや目標を知ることで苛立ちの原因がわかります。人は大切にしたいという価値観（ニーズ）を持っていて，自分の行動や欲求の根底に「満たしたいニーズ」を潜めていることを知っておくと，対処の仕方も見えてくるでしょう。

D．倫理的正当化

「人を傷つけるのはよくない」これは，人として大切な考え方です。しかし，「人を傷つけるような人は絶対に許せない。だから人を傷つける人は責められるべきである」という強い思い込みは，非現実的で，不合理です。この思い込みが強い人は，相手を傷つけないように自分の言動に細心の注意を払います。そして言動は自分と他者にも厳しくなります。「私は人を傷つける言動は決してしない」と思い込んでいるので，もし相手に「あなたに傷つけられた」と伝えられたら，「自分は傷つけることはしていない。私の方があなたの言葉に傷ついた」と相手を責め，自己防衛する行動に動く人もいるでしょう。

〈どうすればよいのか〉

・考え方を変える

あなたは相手の全てを知っている訳ではなく，知らないことの方が多いはずです。つまり，自分が気づかないうちに相手を傷つけていることもあるかもしれませんから，それに気づいた時には，素直に謝り，どうしてほしかったかを尋ねて誤解を解消していきましょう。

・相手を責めたり，非難したりしない

あなたが相手から傷つけられた時は，相手にアサーティブかつ穏やかに伝え，努力してもらうお願いもしてみましょう。

E．不安に対するコントロール

人は，危険や恐怖が予測される事柄に対して，不安や恐怖を感じます。しかし，「危険で，恐怖を起こさせることに直面すると，不安をコントロールできなくなり，対処できずパニックに陥るものである」と強くと思うのは，とても非現実的で，不合理な思い込みです。そもそも，「…したらどうしよう」「…が起こったらどうしよう」といった考えは，最悪の状態を考えているものです。しかし，現実には，まだ何も起きていない状況にあるはずです。例えば「飛行機

が欠航になったらどうしよう」と考えて不安で心配で眠れなくなるのは，欠航が決まってないのですから現実的でも合理的でもありません。まだ起こってもいない状況を考えて不安になっていたことに気づくことが大切です。

〈どうすればよいのか〉

- **対処法を考えておく**

  現実的に考えて，飛行機が欠航になっても命を取られることはありません。目的地に行けない，または遅刻するだけです。欠航になった時の代替案を考えることでも不安が軽減されます。

- **考え方を変える**

  できうる限りの代替案を考えていても対応できないことが起こった場合には，人の力ではどうしようもないことなので，受け入れましょう。ただ，現状を受け入れつつも「この状況で何ができるのか」と考え続けてみることも大切な時があります。

コメント

　このエクササイズでは，まず，自分が持つ考え方は合理的なのか不合理なのか，そして日頃の考え・スタイル（思考）はアサーションにどのような影響を与えているのかを検討してもらいました。

　次に，自分の身の回りで起こった客観的な事象をどのように受け止めて，どのような意味づけで解釈していたのかの信念・認知・考え方を捉えて，それに対する反論・反駁・論理的否定を試みる，というものでした。

　さて，自分の「不合理な信念」を捉えて自分で反論してみたわけですが，不合理な信念とは，「べき」「ねばならない」「当然……はずだ」「はずがない」「もうダメだ」「破滅だ」などの，完璧主義・絶対主義・悲観的観念だと考えられるものです。例えば，誰しもミスをすることがあるのに「仕事では一度も失敗してはならない」とか，「子どもは親のいうことを無条件できくものだ」「世の中の全ての人から愛されなければならない」などです。これらはほとんどの場合，事実に合っていないし，論理的でもありません。しかし，悩んでいる本人は「これは事実だし，事実なんだからどうしようもない」と思ってしまうようで，その矛盾に気づくのは難しいようです。「不合理な信念」は，心理学用語で「イラショナル・ビリーフ（不合理な思い込み）」と呼ばれています。この「イラショナル・ビリーフ」の特徴は「事実に基づいていない」「論理的必然性がない」「気持ちを惨めにさせる」という3点が挙げられます。

　エクササイズをやってみて，どうだったでしょうか。

　筆者の大学の授業に参加した学生は，レポートの中で，次のようにこのエクササイズのプロセスについて記述しています。

○このエクササイズをとおして，「思い込み」に対して自ら反証・反論してみると，これまでとは違った考え方が思い浮かんできて助かった。

○「その考えは？　合理的な考えなのか？」と自分に向けて問いかけてみたところ，完璧主義，抽象的なこれまでの考え方だったことに気づいた。

○自分の「決めつけ」に反論してみると様々なことが見えて，少し気持ちが楽になった。

○自分の「信念」を見出すことがとても難しかったが，自分の「思い込み」と向き合っていくとこれまでと違う考え方が思い浮かぶので，かなり勉強になった。

　エクササイズをとおして合理的な新しい信念や自分なりの対処哲学（生き方）が見えた人はいるでしょうか？　一方で，まだ，不満や不快感が完全に消えたといえる状態にならなかった人もいたかもしれません。ですが，取り上げた信念や感情に対するこれまでのような捉え方が少しでも減れば，その要因となり得る出来事に対しても現実的な対処がしやすくなるでしょう。そのためには，繰り返しこのエクササイズに取り組むなどをとおして「不合理な信念」から解放され，合理的な新しい信念を獲得してほしいと思います。

小講義　思考の整理——ABCD理論

　エクササイズ「不合理な"信念"の棚卸し」と「"信念"についての合理性の検討」をとおして自分の思考を論理的に整理する体験をしてもらいました。
　この思考の整理の仕方は，心理療法家であるアルバート・エリス（Ellis, A.）が創始した「ABCD理論（論理療法）」をベースに考案したエクササイズでした。この理論は感情と指向の接点を「Blief（ビリーフ）」という概念で表現しています。

■論理療法の基礎理論——ABCD理論

　エリスの理論を日本に紹介したのは心理学者の國分康孝氏で，「考え方次第で悩みは消える」とシンプルに表現しました。エクササイズでも触れたように，出来事の結果をどのように捉えるかのビリーフ（信念）が結果を作っている（國分，1991）というものです。
　図3-1の「A」は「何かの嫌な気分を誘発するような出来事」です。そして，その出来事の結果「嫌な気分」や「落ち込む」という結果になります。
　例えば，失敗をして落ちこんで「失敗する私はダメな人間だ。もう，仕事が出来ない」と立ち直れない人と，「この失敗の原因はどこにあるのだろう。この失敗を二度としないためには私はどうしたらよいだろう」と失敗を糧として前に進もうとする人がいます。
　このような違いは，その出来事をどのように受け止めたかの信念（ビリーフ）が反応の違いを生み出しているのです（図3-2）。
　次のようなA（出来事）とC（結果）の間に，ビリーフが潜んでいます。

A（出来事）
　なにが起きたか？
　⇒失敗して上司・先生に怒られた。
C（結果）
　その結果どのような感情がわいたか？
　⇒落ち込んだ。
　あるいはどのような行動をとったか？
　⇒会社・学校を休んだ。
B（ビリーフ）
　その感情（行動）をもたらした考えは？
　⇒あんなに厳しくしかる上司は私を嫌っている。
　⇒上司に怒られる私は能力がない。会社に行っても役に立たない。

　例えば「絶対に失敗してはいけない。失敗する人は能力のないダメな人間」と思い込んでいると失敗した自分は「役に立たない。能力がない人」となります。
　私たちは，ある出来事の結果としてある感情

　　A(activating event)　　　　⇒　　　　C(consequence)
　　　　出来事　　　　　　　　　　　　　　　　結果

　　　失敗して怒られた　　　　　　　　　　落ち込んだ・休んだ

図3-1　思考の整理——ABCD理論

図3-2　思考の整理　ABCD理論

的な反応が起こると考えがちですが，実は出来事と感情の間には考え・ビリーフがあるということです。

このように，A（出来事）とC（結果）の間には，それをどう考えるか・どう受け止めるかというビリーフが無意識に働いているのです。その結果として，「嫌な気分」になるか「何とかしようと前向きな気持ち」になるのです。ビリーフは前述（前文）したように，その人を支えている信念，価値観，評価，解釈です。

また，いい気分・肯定的感情ならば，論理療法を使う必要はほとんどありません。この理論は主に嫌な気分，否定的な感情の時に必要になります。

■イラショナル・ビリーフのタイプ

エリスは，非常によくある思い込み・典型的な3つのイラショナル・ビリーフを挙げています（岡野，2008）。

1．自分に関する「ねばならぬ」
「私は絶対に完璧にしなければならない。私は絶対に認められなければならない」などの完璧主義，絶対主義であり，それが出来なければ自己非難してしまいます。

2．他人に対して「ねばならない」
他人に対しての要求が強いビリーフです。「親なら〜すべき」「上司なら〜すべき」「友人なら〜すべき」と他人に関して「ねばならない」と考え，それが満たされないと相手を非難します。

3．世の中・世界・人生についての「ねばならない」

人生に対する過剰な欲求です。「私の思い通りの人生でなければならない。人生は（世の中）は，私の望み通りのものを与えてくれなければならない。そうでなければ人生は耐えられないものである」という思い通りにならない人生に不条理感を抱きます。

■考え方を区別・整理する——思い込みを論破・反論・解体する

ここまで，ビリーフによって嫌な感情が生まれ，それは自分が作り出しているということを考えてきました。自分で作った感情であれば，自分で変えることができるはずです。その作業がD（dispute）ディスピュートです。

否定的な感情を治すには，考え方を理性的・合理的・論理的（ラショナル・ビリーフ）にする必要があります。そのポイントは次の4つにまとめられます（図3-3）。

①柔軟か硬直しているか

理性的な考え方には柔軟性があり，非理性的な考え方は硬直しています。「絶対に」「必ず」「けっして」などは硬直的であり，自己非難を例に挙げると「私は絶対に失敗してはいけない。もし失敗したら私の人生は終わりだ」という考え方が硬直です。「私は失敗したくはないが，失敗してもやり直すことができるので思い切ってやってみよう」と思えば，それはラショナル・ビリーフになります。

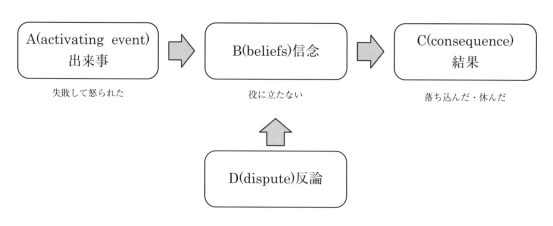

図3-3　思考の整理　ABCD理論

②論理的か

　筋道が通っているという意味で「ロジカル」かどうかということです。

③現実と一致しているか

　社会の現実と一致しているかどうか。他者非難を例に挙げると、「完璧な親はいるでしょうか？　完璧な上司はいるでしょうか？　人は完璧ではないのです。むしろ完璧ではない方が人間らしいと言えるのではないでしょうか」

④役立つか

　合理的に考えて、自分の人生の目標の達成に役立つかです。

　いつも成功しなくても、今は周囲から認められなくても、自分は全くダメな人間ではなく、これから長い人生の中で未完成ながらも成長していく可能性があると思うことです。

　反論は、次のような考え方が必要です。

D（反論）

　イラショナル・ビリーフ（非論理的・非理性的な考え方）に反論して、ラショナル・ビリーフ（理性的・合理的・論理的）な言い方に変える

⇒厳しく怒ったのは私の失敗に対してであり、それが私を嫌っている証拠にはならない。

⇒失敗したのは事実だが、だからといって能力がないことにはならない。

　このように、自分の中にあるイラショナル・ビリーフを探し出し、反論・論駁してラショナルな言い方に変換していくと、ふっと気持ちが楽になることがあります。

　例えば、「人生は嫌なこともあるが、同じくらい幸せと感じることもある。これからもチャンスを活かして楽しく過ごそう。また、過去と他人は変えられないが、自分が変わることで周囲との関係もよくなるかもしれない」と考えることで、気持ちが軽くなります。ただ、それだけではまだ不十分です。その考え方を自分のビリーフにしていく必要があります。そのためには、変換した考えを何度も何度も強く自分に言い聞かせていくことが大切になります。

気づきの明確化シート　——むきあう——

この章の全体をとおして

1．「不合理な"信念の"棚卸しのプロフィール」と記入した内容を見ながら，気づいたこと感じたことを，思いつくまま記入（箇条書き）しましょう。

2．そのような事柄に影響したと考えられることで，思いつくことがあればいくつか記入しましょう。

3．これからもう少し大切にしていきたいと思うことがあれば，記入しましょう。

4．「むきあう（不条理な信念とむきあう）」ということについて，気づいたこと，感じたことは。

5．その他，気づいたこと，感じたことを自由に記入しましょう。

みつめる

人生役割もさまざま

■ライフ・キャリア（人生）をふりかえる

　これまでの自分の人生をふりかえったことはありますか？　ちょっとした出来事に思い悩んだり、「どうの…こうの…」と、ひとつの事柄を考え込むことがあったりしても、日々目先のことに追われいてると、なかなか人生をふりかえる機会は少ないのかもしれません。

　私の人生の成人以降をふりかえると、20代から30代まで地方公務員としての仕事とゴルフに明け暮れる日々を過ごし、40代から大学教員として教育と研究・社会活動に従事しているといったことが思い浮びます。このようにふりかえると、「ワーク・キャリア」を中心とする私の"仕事（賃金労働）"の話題に関心が向くだけになるので、もう少し視野を広げて「ライフ・キャリア」全体にも目を向けてみます。

　30代までの私はというと、仕事をきっちりと成し遂げるために遅くまで残業する日が多くありましたが、休暇を利用して北海道内のボランティア活動を支援する活動にも参画していました。また、この活動や残業の無い日は職場からゴルフ練習場に直行し、シングルプレーヤーを目指して閉店時刻まで「打ちっぱなし」。家族と同居していても毎週末の土日は、ゴルフ場で早朝から暗くなるまでラウンドしていました。その後、40代で大学教員となって弘前市で暮らし始めた私は、大学の授業や地域での講演、地域の著名な方々との「お付き合い」や公的機関との協働による社会活動と実践、学生たちとのボランティア活動や研究に従事するといった生き方に変化しました。数年後、札幌市に移り住んで2年目、我が家に1人の里子（当時1歳9か月）が加わって3人家族になりました。

　その後は、私に経験のない役割が増え、身勝手なことがこれまで以上に難しくなりました。

■ライフステージと役割

　どのような人生なのかキャリアの「長さ」を示すライフステージ（人生の段階）では、どの役割にどれだけの時間を投資するかを考え、状況に応じて複数の役割を自分の中に統合することが求められます。私の場合だと、どの年代でも中心にあったのが"仕事（賃金労働）"という役割でしたが、「ライフ・キャリア」として仕事以外にも目を向けてみると、いくつかの役割を担っていることに気づきます。

　「ライフ・キャリア」の視点は、私たちが様々な場面でそれぞれの役割を担いながら生きていたことに気づかせてくれます。私たちは新たな別の役割や活動が付け加わると、それまでに費やす時間やエネルギーを調整したり減じたりします。逆に、ある役割をやめたり、関わる時間を削ったりすることで、ほかの役割にもっと時間やエネルギーを向ける人もいるでしょう。

　このように、人生における様々な場面・役割の総体を「ライフ・キャリア」として捉えると、自分の役割の組み合わせや割合がスペクトラム（あいまいな境界をもちながら連続する）状態に見える人もいます。

■人生は多重役割

この「ライフ・キャリア」の考えを図4-1のように役割と時間軸の2次元で捉えたモデルが、「ライフ・キャリア・レインボー」と呼ばれるものです。

これを示したアメリカの職業心理学の草分け的存在であるスーパー（Super, D.E. 1976）は、キャリアを「人生を構成する一連の出来事」などとし、環境要因と個人的要因の影響を受けながらライフ・キャリア・レインボーを描く、と説明しています。

これには、その期間や情緒的な関与の視点からライフ・ロール（人生役割）が、生まれてから死ぬまでの間それぞれのライフステージ（人生の長さ）の中でどのような調整・変化をしながら人がライフ・キャリアを構成するのかが視覚的に描写されています。

木村周（2017, pp.36-37）はこのスーパーが示した考え方を、「人は、生涯において9つの大きな役割（子ども、学生、余暇人、市民、労働者、配偶者、家庭人、親、年金生活者）を演ずる。この役割を演ずる舞台は家庭、地域、学校、職場で1つのこともあるし、複数の事もある。いずれにしても、この役割を演ずる中で個人は他人から見られる自分の役割を再構成していく」という概念を提案したものだと説明しています。

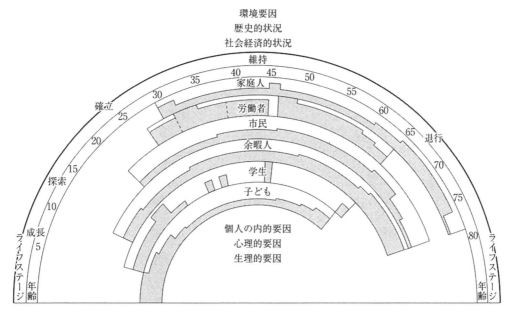

図4-1　ライフ・キャリアのレインボー
二村（2015）．『改訂増補版 個と組織を生かすキャリア発達の心理学』（p.7, 金子書房）より

■ライフ・ステージ

スーパーは特に職業的発達は分割できるとし、職業と直接関連のない生活全体に注目して、ライフステージを、
①成長（0歳～）：興味関心・態度・能力などに関する自己探求が始まる、
②探索（15歳～）：自分に合った職業を探し絞り込み特定の仕事に就く、
③確立（25歳～）：職業に就き貢献・活躍していく、
④維持（45歳～）：職業上の役割・責任を果たしつつ新たな変化に向けて設えていく、
⑤解放（65歳～）：職業から離れ、新しいライフスタイルが始まっていく、
という成長から解放までの5段階で構成した。

各段階の移行期にも成長から解放までのサイクルがあると考えられていることが説明されています（二村，2015；ジョアン ハリス・ボールズビー，2017）。

ライフ・ステージに応じて人は複数の役割を同時に演じ，また，ライフ・ロールは人生のある年齢や場面で変化していきます。ライフ・ロールは，人生の各段階でその人が投入する時間やエネルギーの量を決定し，職業選択やどのような生活を送るかという決定に重要な影響を与えます。さて，あなたはこれまでどのような役割を演じ，これからどのような役割を担っていきますか。

では，このスーパーの「キャリア構築に関する理論」を参考に，生涯にわたる「ライフ・キャリア」を少しイメージしてみましょう。そのうえで，これからの時代に生きる自分自身のキャリア開発形成のあり方について，次頁のエクササイズをとおして考えてみてください。

エクササイズⅠ 『人生役割の棚卸し』

このエクササイズでは，今，自分がそれぞれの場面でどのような役割を演じているのか，今後自分の人生の様々な場面の中で，どこでどのような役割をしていきたいのか，ライフステージ（人生の段階）における自分のライフ・ロール（人生役割）を考えていきます。

また，普段，職場や学校で過ごしているメンバーなど複数人で行う場合は，今（現在），あるいは，ある年齢における自分の役割をお互いに発表し合うこともできます。お互いの行動や態度についてメンバー同士がフィードバックできるようになった時点で行うと，よりお互いのことを知る機会（相互理解すること）になるでしょう。

このエクササイズはスーパー（Super, D.E.）の理論を参考に筆者が作成したものです。

▶このエクササイズで学習できること

今，家庭，学校，職場，地域社会などで構成されている人生空間（アリーナ）での様々な場面をふりかえり，自分がどのような役割を演じていて今後どうするのかを検討します。

また，複数人で行う場合は，これまでお互いに知らなかった場面の役割やライフ・キャリアをわかちあうという，メンバー同士の相互理解を深める機会にすることもできます。もしかすると，今まで気づかなかった自分やメンバーの姿が見られるかもしれません。
○自分が，どのような場面でどのような役割をしてきたのかをふりかえる機会になります。
○人や場面からどのような影響を受けてライフ・キャリアを形成していくのかを知ることができます。
○今後の人生（ライフ・キャリア）では，どのような役割をどのくらいするのかを考えます。

▶エクササイズのすすめ方（所要時間約50〜80分）

このエクササイズは，個人で行う場合は50分程度です。また，2人以上，複数人で実施する場合は，導入・すすめ方の説明（5分），記入用紙への個人記入（15分），人生役割のプロフィールの記入（10分），グループ一覧表の記入（5分），グループでの個人発表と話し合い（15分），ふりかえり・わかちあい（20分），小講義（10分）の時間を目安にすすめていきます。なお，ここでは，複数人（5人）で実施する場合を説明します。

1人で実施する場合は，次の「1．個人記入」を行い，その後コメントと小講義を読んで終了します。

1．個人記入〈1人で実施する場合と複数人で実施する場合の個人作業〉
1）p.57の「記入用紙②」を用意してください。
2）この記入用紙の「役割・場面」欄のそれぞれに書かれている質問について，まず，「現在は…etc…」を思いつくままに記入してください。記入する内容は，「どこで・何を・誰と・どのように」しているのか，それぞれの配分割合（％）について，自分なりに思いつく事柄です。
3）役割・場面1から9まで，書きやすいところから取り組みましょう。その際はあまり深く考えずに，誰にも相談しないで，自分で考えて，"あなたの言葉"で記入することが大切です。また，「現在は…etc…」は少しでも記憶の中にある事柄などを参考にして，配分（数値）の理由を記入してみましょう。

4）上記の作業の次には，時間があればそれぞれの割合を使って「人生役割のプロフィール（現在）」（p.59）を作成します。

5）次に，記入用紙（p.57）の右側にある「（　　）年後（　　）歳」に，これまで記入してきたことを踏まえて，今後のことを考えながら記入してみましょう。ひとりで行う場合では，この作業の次に，「人生役割のプロフィール（未来）」（p.59）を作成します。なお，複数人で実施する場合は，この項目を後回しにするようにして，次の3．8）を終えてから実施してもよいでしょう。

2．ライフ・キャリア・レインボーを描く（個人記入用紙①）

p.56を用意して自分の「ライフ・キャリア・レインボー」を仕上げていきます。

1）まず，現在の時点を記入していきます。外側の年齢軸を確認し，その年齢軸を中心（現在）にして過去と未来に区切るように，レインボーに（／）斜線を入れます。

2）内側の「息子・娘」部分を見て，「息子・娘」の役割が終えるところに実線を記入し，年齢ごとそれぞれの幅の違いを描いていきます。また，休止する場合があれば実線ではなく点線で区切ります。

3）次に，あなたはいつから「学生」の役割を始めて，年齢ごとそれぞれの幅の違いを描き，いつ頃に終えるのか。ふたたび「学生」になる機会や予定があれは，実線・点線を使って記入しましょう。

4）この要領で，「余暇活動」から「親」，そして「その他」まで，すべてについての「過去」を思い出して，「未来」を想像して記入します。もしも，生涯をとおして演じる予定がない役割は，そのまま記入しないでおきましょう。

5）役割の記入が終わったら，それぞれの役割への関与割合を幅（厚み）で表示（色塗り）しましょう。上記4）の中でも調整しながら，特に頑張る年齢，その役割が自分にとっての中心になる年齢があればその年齢の時期に厚みを表示しましょう。

6）次に，「なぜ」このようなデザインになったのか現時点の「環境要因（家族，地域，学校，社会の構造，経済状況，雇用市場）」と「個人的要因（興味，関心，価値観，得意・不得意）」という観点から思いつくままメモしてみましょう。

3．グループ一覧表の記入〈複数人で実施する場合に共有する作業〉

ここでは，5人で行う場合を想定して説明しますが，2人でも4人以上でもすすめ方は同じです。

1）複数人で実施する（Off-JTや研修講座などの）場合では，まず，個人記入3）まで行ってから5人が机を囲んで，お互いの表情がよく見えるようにして座ります。

2）p.58の「グループ一覧表」を1人1枚づつ用意（配布）して，配分（現在・未来の数値）を記入用紙の自分欄に書いてください。

3）次に，p.57にある「役割・場面」の欄にある9つの質問ごと自分の配分（現在・未来の数値）を，メンバーそれぞれが順序よく配分（現在・未来の数値）を読み上げて，全員が「グループ一覧表」の記入を終えてください。

4）メンバー全員の配分（現在・未来の数値）が「グループ一覧表」に記入できたら，誰もが"聴き役"になる心構えで，メンバーそれぞれの発表を待ちましょう。

5）「グループ一覧表」ができたら，メンバーそれぞれから順序よく内容説明を行ってください。また，他のメンバーは，自分の順になるまでは黙って聴いているとよいでしょう。そして，発表が終えた段階で，聴いていた他のメンバーから，説明にわかりにくいところがなかったかどうかを聞いてください。

6）また，様子によっては，発表メンバーの順序は拘らずに，配分（現在・未来の数値）を

見た際の感想を自ら伝えて，他のメンバーから質問を受けたりしながら，"支障がない"範囲内の話題を自由に話し合うとよいでしょう。
7）続いて，同じ方法でメンバー全員が順次発表し，すべてのメンバーが発表していきます。
8）複数人で実施した場合で，1．個人記入 4）を後回しにしてすすめてきた場合は，ここで実施してください。全部終わりましたか。さて，どのような感じだったでしょうか。おそらくは，メンバーそれぞれが，違っていたところもあったのではないでしょうか。どのような配分だとよいとか，低いから悪い，といったことではないので，次の「ふりかえり」と「わかちあい」を進めていきましょう。

4．エクササイズのふりかえりとわかちあい

さて，エクササイズが終わって，それぞれどのような感想をもったのでしょうか？ ここでは，どのような"気づき"や"学び"があったのかを，ふりかえっていくことになります。
1）まず，p.60の「プロセスシート」を用意してください。
2）いくつかの質問が「プロセスシート」にあります。今のエクササイズをふりかえってみて，ありのまま感じたことを記入してみてください（"よかった"とか"悪かった"というように評価するのではなく，感じたことをそのまま書いてみることが大切です）。
3）複数人で実施した場合は，全員が記入し終えたら，「わかちあい」をします。それぞれ各自が，「プロセスシート」に書いたことを基に，ひとりずつ順番に発表します。お互いに自由で開放的に話せるとよいでしょう。
（1）発表の方法は，「プロセスシート」の質問ごとに，順番に発表していきます。
（2）また，お互いが発表したことについて質問し合ってみてもよいでしょう。
（3）「わかちあい」が終わったら（グループが複数の場合は各グループから），おおよそ話題になったことを発表し合うとよいでしょう，特に，エクササイズの最中に気づいたことや，「わかちあい」での話題にも触れながら，学習のねらいと関連させて全体での話題にしていくとよいでしょう。

5．コメントと小講義

上記までの取り組みをひととおり終えたら，このエクササイズで学んだことなどに関連する「コメント」や「小講義」を読んで学習しましょう。なお，掲載できなかった小講義等を紹介しますので，参考にするとよいでしょう。

・小講義「自分に"むきあう"」星野欣生（監）船木幸弘（著）『Off-JTに活用する人間関係づくりトレーニング』(2017, 金子書房)
・小講義Ⅱ「気づきのメカニズム」星野欣生（著）『職場の人間関係づくりトレーニング』(2007, 金子書房)
・「人生は多重役割」安達智子・下村英雄（編著）『キャリアコンストラクションワークブック』(2013, 金子書房)

『人生（ライフ・キャリア）役割の棚卸し』記入用紙①

環境要因（家族，地域，学校，社会の構造，経済状況，雇用市場）

ライフ・キャリア・レインボーを描く

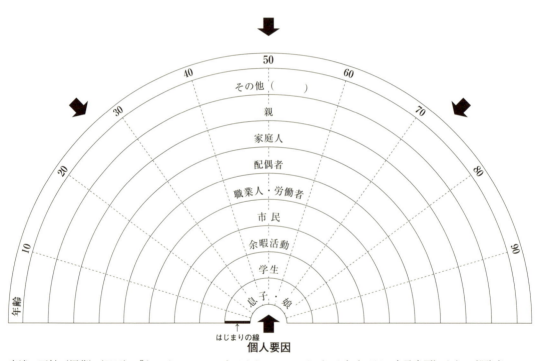

安達・下村（編著）(2013)．『キャリア・コンストラクションワークブック』(p.104，金子書房) より一部改変

個人要因（興味・関心，価値観，得意・不得意）

「人生(ライフ・キャリア)役割の棚卸し」記入用紙②

氏名：＿＿＿＿＿＿＿＿　　年齢：（　）歳　（　月　日）現在

（　）年後（　）歳

役割・場面	現在は… ect… どこで・何を・誰と・どのように	配分(現在) 計100%	（　）年後（　）歳	配分(未来) 計100%
1. 息子・娘				
2. 学生				
3. 余暇活動				
4. 市民				
5. 職業人・労働者				
6. 配偶者				
7. 家庭人				
8. 親				
9. その他（　）				
計		100		100

安達・下村（編著）(2013)「9つの役割とキャリアの虹」『キャリア・コンストラクションワークブック』を参考に筆者が作成

『人生（ライフ・キャリア）役割の棚卸し』グループ一覧表

項目（役割・場面） \ メンバーの名前	自分							
1. 息子・娘	(%)	(%)	(%)	(%)	(%)	(%)	(%)	(%)
2. 学生	(%)	(%)	(%)	(%)	(%)	(%)	(%)	(%)
3. 余暇活動	(%)	(%)	(%)	(%)	(%)	(%)	(%)	(%)
4. 市民	(%)	(%)	(%)	(%)	(%)	(%)	(%)	(%)
5. 職業人・労働者	(%)	(%)	(%)	(%)	(%)	(%)	(%)	(%)
6. 配偶者	(%)	(%)	(%)	(%)	(%)	(%)	(%)	(%)
7. 家庭人	(%)	(%)	(%)	(%)	(%)	(%)	(%)	(%)
8. 親	(%)	(%)	(%)	(%)	(%)	(%)	(%)	(%)
9. その他（　）	(%)	(%)	(%)	(%)	(%)	(%)	(%)	(%)

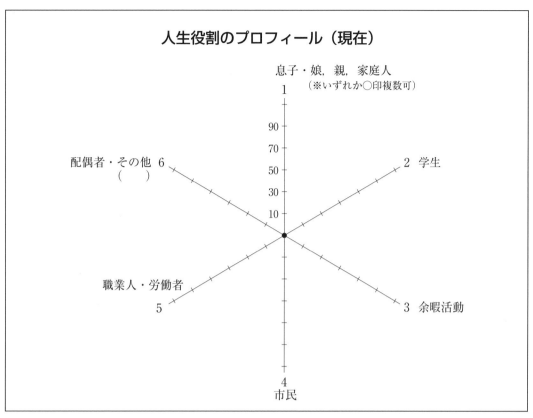

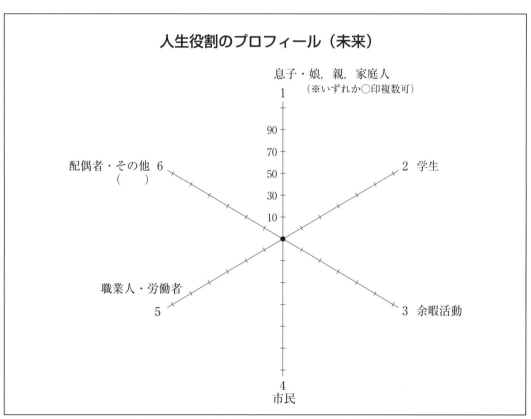

『人生役割の棚卸し』プロセスシート

実施したエクササイズをふりかえりましょう。
自分の言葉で，感じたままを自由に記入してください。

このエクササイズをとおして，
1．自分について気づいたことは。
　　　（どの点で，どのように…etc.，自由に）

2．役割や場面が人生（ライフ・キャリア）に与える影響について，気づいたこと。

3．他のメンバーについて，気づいたことは。
　　　（どの点で，どのように）

4．その他，気づいたこと，感じたことなどを自由に。

コメント

　私たちは，ひとり1人が複数の役割を演じ（抱え）ながら人生のある年齢や場面を生きています。この役割は，家庭と家族，仕事，市民，学習，レジャーなどそれぞれの場面で展開される具体的な「ライフ・イベント」の基で演じているものです。

　このエクササイズは，そういった役割をどのように自分自身で定義したり，演じたり，やりくりしているのか，というライフ・キャリアを考えるために，スーパー（Super, D.E.）の理論を参考にしました。

　役割（ライフ・ロール）とその特徴は，
- 役割参加：実際にあなたがその役割をしたり，最近，やったりしたこと（行動的要素）。
- 役割関与：その役割をあなたがどのように感じているのか（感情的要素）。
- 役割価値期待：その役割にあなたが求めている価値（情緒的側面）。

などを伴って，人によって様々で割合も時間・年齢の経過によって変化します。また，そういった役割を演じることで，自分自身の現在に意味を見つけたり，夢や未来への希望を抱く人もいるでしょう。いつの時代であっても，おそらく，多くの人にとって避けられない役割が，"賃金労働（仕事）"だといわれています。あなたの役割はどのようなものでしたか？　自分が担う役割の配分など考えたことが無かったという人も多かったかもしれません。

　このエクササイズをとおして自分自身の役割を考えてみて，頭の中に浮かんできたのは，「ライフ・イベント」の具体的な場面で展開される自分の役割や行動，それぞれに費やした実際の時間やエネルギー，役割への情緒的な関与・期待，その役割の中で獲得した経験や知識など，総合的なあなたの「ライフ・キャリア」といえるものです。人の行動には目的があって，その目的は自分自身の生きる世界を意味づけています。意味のある行動であれば個人的人生目標の達成を考えたり個人の価値観に照らしてみると，どの役割が葛藤状態にあるのか，その中には他の役割よりもはるかに手間をかけるものもあります。それぞれの帯の幅も様々で，どのような場面で補い合ったり協調し合っているのかを考える機会にもなったことでしょう。

　このエクササイズでは，あなた自身が役割の探求を行って，自分自身の目標や意味づけに基づく「棚卸し」をとおして自己理解を深めました。今後のライフ・キャリア形成の参考としてください。また，メンバーに向けてそれらを伝え合ってもらいました。これはお互いのことを知る（他者理解）機会としても大切です。特に，このような事柄は，職場，プロジェクト，サークルなどで活動を共にした者同士でも，話す機会が少ないと思います。グループでの共有は，役割特徴の個人差，それぞれの育った環境や文化の違い，現在の多重役割の理解や役割に含まれる価値観の違いなど，実に興味深いこともあるものです。このエクササイズは，これまでの相手を見る視点とイメージも広がってくるので，相互理解も促進されるようにチームづくりにも活用することができるでしょう。

小講義Ⅰ　ライフ・キャリア充実のポイント

　この章のエクササイズ「人生役割の棚卸し」では、「ライフ・キャリア・レインボー」を描いたり、あなたの現状の「ライフ・ロール」の棚卸し、そして5年から10年後（未来）の理想的な「ライフ・ロール」を検討してきました。しかし、この概念は一般的に少しは知られてきたものの、依然として多くの人々が古い意味（単純に職務や職業と同一視している）でキャリアを捉えているのがとても残念に思います。

　ここでは、ライフ・キャリア・レインボーの考え方を基に、仕事だけでなく人生を、より広い意味で個人が果たすべき役割、人生の中で向き合うべき課題に目を向けた最新理論の説明をとおして、ライフ・キャリアを充実させるポイントをみていきます。

■人生で果たすべき4つの要素

　人生をどのようにしていくのかは人それぞれです。仕事をするにも目的があるし、生きていくためだけに働くわけでもありません。家族のために働く人もいれば収入を得て余暇を楽しむ人もいます。このように様々なことをどのように人生の中に盛り込むのかを総合的に考え、人々の人生選択と意思決定を最善の形で説明した理論が、ミネソタ大学の名誉教授であるハンセン（Hansen, S.S.）の提唱した「統合的ライフ・プランニング（Integrative Life Planning：ILP）」という理論です。

　ハンセンによると、家庭における役割から社会における役割まで、人が人生の中で果たすべき「4つのL」と表現される要素がすべてキャリアに含まれ、それらの役割が統合されるべきだと捉えます。この考え方を参考にして図4-2に示すと、「Labor（労働・仕事）」「Love（愛・家庭と子育て）」「Learning（学習・公式および非公式な教育）」「Leisure（余暇・仕事以外の活動）」という4つの構成要素（役割）をキルト（パッチワーク）に喩えた組み合わせが充実し、それぞれの相乗効果が人生を意味ある全体の物語りにしていくというように説明されています。例えば、愛する恋人や家族と過ごす余暇でリフレッシュされて仕事も充実し、働く中で新たな学びがあり心豊かに（果たすべき）役割をやりきるといったイメージができます。

図4-2　ライフキャリア4つの構成要素
Hansen（1997 平木ほか監訳 2013）、『キャリア開発と総合的ライフ・プランニング』（p.129，福村出版）を参考に筆者が作成

■総合的な人生の中で向き合うべき重要課題

　ハンセン（1997 平木ほか監訳，2013）はILPにおける「6つの重要課題」を示し、その後「健康」を加え「7つ」として、人生のテーマを明らかにすることを呼びかけています。これは、家族の形態や仕事が多様化し、日々刻々と1つのグローバル・コミュニティになりつつある世界に、多くのニーズや問題への貢献までも満たせるキャリアプランニングを望んでいるというものです。また、個人主義が強調され過ぎている世の中で人々がつながりや結びつきを意識しながら人生選択と意思決定を行ってきた

ことへの支援が大切だと捉えている考えが背影にあるといえるものです。

ハンセンが示したILPは，「ライフ・キャリア」というものをより現代社会の課題やニーズを総合的に考えていくうえで，私たちに充実のポイントを示してくれていると捉え，ここで理解を深めてほしいと思います。

1) グローバルな視点から仕事をみつける

これまでのキャリアに対する一般的な捉え方は，自分の興味や能力，ニーズ，価値観にあった職業を選択すべきだ，という考え方が強調されすぎたかもしれません。経済的，技術的にも変化し続ける世界の中で，日常的なテーマもグローバルに関連するようになってきています。世界で起きている変化や課題は，その中で私たちの日常的な仕事や家族，教育と関連するものも多くなっています。日常の些細なこともグローバルな視点で考えることが必要だといえそうです。

これからは，どうすれば仕事を通じて自分自身のニーズを満たせるのかと併せて，どのように社会や世界で生じている問題，ニーズを解決するための支援援助ができるのかを重視することが大切でしょう。

2) 人生を意味ある全体の「物語」に取り込む

仕事は仕事そのものだけではなく，ほかの「4つのL」や，それ以外にも人種やジェンダー，年齢，知的，身体的な能力やスピリチュアル，情緒的，キャリア／職業的，アイデンティティ，さらに人間関係や組織など，全体から人生の意義として考えていくことが大切になっています。

職業だけではなく人生のほかの要素にも注目しつつ，常に広い視野で物事を考えることが必要です。これまでのキャリアは，職業に関してどうすれば満足のいく選択ができるかに焦点が向けられてきましたが，職業選択においては，人生の複数の役割と職業をどう組合わせることができるかを考えていく生き方が大切になってくるでしょう。

3) 家族と仕事をつなぐ

伝統的な男女の役割は大きく変化してきており，今後も変化していくでしょう。

それぞれが育児，家事，年老いた親の介護などを，それぞれのキャリアの中で，どのように分担していくのか，もっと理解を深める必要があります。仕事と家庭，それぞれのコミュニティにとって最大の利益となるよう創造したい未来を慎重に考えていく必要があります。

そして多様化する家族のあり方に合わせて職場や雇用のあり方も変化しています。安定を期待し過ぎることなく，むしろ個人や家族にいつ転機が訪れてもおかしくないことを念頭に，柔軟に対応する姿勢で準備を整えることが望まれるでしょう。

4) 多元性と包括性を大切にする

グローバルな社会は，人種，民族的背景，社会・経済階級，宗教，年齢，ジェンダー，身体能力，性的嗜好の違いに対して建設的に対処することが課題になっています。このような多様性を重んじていくように，違いを包括していく生き方を探ることが個人の可能性を広げることになっていきます。多様な価値基準，多様な社会のあり方を視野に入れたキャリアを自ら形成することが重要です。

5) スピリチュアリティと人生目的の探求

多くの人にとって人生に意味を与える中心に位置するものとしてスピリチュアリティの探究が注目されています。ハンセンがILPの説明で用いるスピリチュアリティは「自己の外側のより高次元の力の存在」と定義して，「『人生の理解が生じる中心』『総合と全体性の経験』『人の生き方』に対する必要性という意味で使う」と表現されています。お金と物質主義から脱却し仕事を通じて貢献する，仕事を通じて内面的

な意義を見出すという目的ある生活へと向かうことを1つの視点とし，人々の人生の意味と目的の探究に重要な役割を果たすことになる中核が「スピリチュアリティ」です。

6）個人の転機と組織の変化のマネジメント

これからは，グローバル化やAIの進展などの影響により，自分自身や周りの変化，社会の変化と組織の変化のすべてを視野に入れておく必要があります。さらに，終身雇用はすでに過去のものと認識し，自分の人生の変化に各個人が対処する術を知ることも大切です。いつ想定外のつまづきが起こるのか，自分の病気など，誰にでも想定していない転機が起きること，あらゆる変化・全体を視野に入れておきましょう。そのためには，個人や組織は転機の意味を知り，多様性にも配慮できるように対処する方法を理解しやすくする支援があることも重要です。

7）心や体の健康に注意を向ける環境

近年，ストレスやハラスメントによる健康問題が取りざたされることが多くなりました。心と身体が健やかであることは，人が生きていくうえで，総合的な生涯発達にとって最も重要なことです。働くということと健康は互いに影響し合う関係で，より充実した人生を送るためには必要不可欠であることに変化はありません。健やかに働き続けるためには自分自身の健康管理はもちろんのこと，健康に関する法律や組織内外の制度や支援機関も知っておきましょう。

小講義Ⅱ　人生の転機（トランジション）

■人生は転機（トランジション）の連続

　人の生涯には人それぞれ固有のリズムがあります。まず，何かの「終わり」があり，次に何かの「始まり」があって，その間に重要な空白ないし休養期間があります。トランジションは，生きる方向を見失ってからそれを再発見するまでの自然なプロセスと見なされていて，成長過程でのターニングポイントです。人間関係にトランジションが与える特有の影響は，自分の発達史を確認し，特別な変化がどのように起こり，どのように進行するかがわかれば見えてくると考えられます。人の成長が加速する時期や変容時期が周期的に訪れ「変化が起こる」ので，前向きに取り組んでいかねばなりません。

　誰の人生にも転機があります。転機の期間中の「現在位置」を見る視点は，①転機の始まり（喪失体験や否認），②転機の最中（空虚と混乱），③転機の終わり（嘆き，受容），に分けられます。「終わり」や「始まり」に対して，自分特有の反応の仕方・スタイルも工夫していくことになるでしょう。

■転機（トランジション）で何が変わるのか

　人生の転機（トランジション）を①「終わり」→②「ニュートラル・ゾーン」→③「始まり」からなる心理的プロセスを示したウイリアム・ブリッジス（Bridges, W. 2004 倉光・小林訳，2014）は，「『（状況の）変化は単なる変化に過ぎない』，トランジションのさなかにあるということは，『何かが自分の内側で起こっている』ということである」と説明しています（括弧内筆者）。私たちは新しいものを手に入れる前に，外的にも内的にも古いものから離れなければならないということです。しかし，トランジションの始めのころは，新しいやり方であっても，昔に戻ろうとしてしまいます。これは状況の変化という外的な出来事に対処する自分自身の内面の方向づけが追いついていないという内的な備えの課題だと考えられます。トランジションに際しては，次頁（p.66）から説明する状況を見定めて，乗り越え方を点検し対処することが大切です。人生の転機や節目は，困難なこともありますが，ここを超えるたびに次のトランジションを迎える内的な備えがあることで，真の自分の生き方の実現可能性も見えてくるでしょう。

　ここでいう変化とはどのような事柄なのか，例示しながら説明していきます。

◎関係の喪失：何かとのつながりが失われた場合や，これまでの人生で誰かとの関係が切れたことがあるか。
　（例）配偶者の死や友だちの引っ越し。離婚，子どもの自立，友人と疎遠になったこと，ペットの死，憧れのヒーローの喪失など。
◎家庭生活での変化：家庭生活の内容や質が変化する場合。
　（例）結婚，出産，配偶者の退職，家族の病気と快復，学校に行く，家事の分担が変わる，家の新築や改築，家庭内の緊張の増加や減少など。
◎個人的な変化：ライフスタイルや外見や環境が大きく変化した場合。
　（例）自分の病気と回復，大きな成功や失敗，食生活や睡眠リズム，性行動の変化，入学や卒業など。
◎仕事や経済上の変化：退職，転職，解雇，昇進が困難になるなど，働くことが大きく変化した場合。

（例）組織内での配置転換，収入の増加と減少，ローンや抵当権の設定など。
◎内的な変化：自己イメージや価値観の変化，「私は変わりつつある」と感じた場合。
（例）スピリチュアルな覚醒，社会的・政治的自覚の深まり，心理学的洞察，新たな夢の発見や古い夢の放棄など。

■ライフ・ステージと人生の転機

人生には人々が共通して遭遇する事柄やある年齢段階に起こる課題があって，人はそうしたライフ・イベントや課題を乗り越えながら次のステージ（発達段階）に移行していきます。「あるステージから次のステージへの移行は，単純でも簡単でもない。その人の生活構造を根本的に変える必要があり，それには1日以上，1か月以上，あるいは1年以上かかることもある。」（Levinnson, 1978 南訳，p48）とされ，その状態も様々です。ブリッジスは，「変化とは状況が変わることであり，一方『トランジション』とは心理的に変わることである。」（Bridges, 2004 倉光・小林訳, 2014, p5）と述べ，状況の変化とトランジションを区別していくために5つの「変化」について説明しました。しかしトランジションは「変化」の同意語ではありません。また，トランジションはその人の人生や職場で起きた外的変化によって突然引き起こされることもあります。それでは，これらによって引き起こされる事柄（課題）は，どのような性質をもっているのでしょうか？

■転機に直面する課題の性質

トランジションにおける課題は，多様でネガティブな側面があったとしても，次のステージのために何が必要なのかを見つけ出し，それに向けた果敢な決断が求められます。どのような性質の課題に直面することなのか，次の点を参考にみておきましょう。

①リスク（risk）：より一歩先に踏み込むことによって失敗の恐れがあるが，成功した時に得るものが多い場合のことです。これは，失敗を恐れて行動しなければなにも得られない，という行動力が求められます。
②クライシス（crisis）：うまく対処しないと，決定的なダメージを被ることになりかねないという場面のことです。冷静沈着で確かな判断と行動が求められます。
③デンジャー（danger）：危険で，行動に踏み込むとダメージを被ってしまう事柄や場面など，過度に大きなリスクがある場合のことです。
④ハザード（hazard）：一定の状況になれば大きな被害を被ったり誤ちを犯しがちな事柄のことです。事前にその状況を想定して対応策を検討しておき，その場になってあわてずに対応できるようにしておくことが必要です。

■転機の種類と変化

人生を様々な転機（トランジション）の連続として捉え，様々な転機を乗り越える努力と工夫をとおして形成されていくのがキャリアだと説明するシュロスバーグ（1989 武田・立野監訳, 2000）の理論からさらに転機に注目してみましょう。

次のエクササイズに取り組む前に，1）転機のタイプ，2）転機に伴う変化，3）転機の影響度を決める要因，に目をとおして学習しておいてください。

1）転機のタイプ
　イベント型：予期したこと・期待したことが起きること
　　（例）就職，転職，失業，結婚，引っ越し，出産，病気，親族の死，など。
　ノンイベント型：予期したこと・期待したことが起きないこと
　　（例）希望した就職ができない，昇進できない，結婚できない，子どもができない，など。

2）転機に伴う変化：次の4つのうち1つまたは2つ以上が伴います。
（1）役割：人生の役割がなくなったり変化したりする。
（2）関係：大事な人との関係が変化する。
（3）日常生活：物事をいつ，どのように行うかの時期・手段が変化する。
（4）自分自身の捉え方：自己概念に及ぼす何らかの影響が変化する。

3）転機の影響度を決める要因
（1）転機そのもの：どのような転機か
・種類・内容
①予期していない：転機事故，死，病気，失業など。
②期待していたことが起こらない：昇進できない，結婚予定がなくなったなど。
③自分自身が決断した：転機結婚，転勤，子の誕生など。
④正常な発達過程の通過点：子どもの独立，加齢，退職など。
・評価の視点
①深刻さ：役割，関係，日常生活などをどの程度変えるのか。
②タイミング：時期的に人生の中で良いか悪いか。準備期間はあるか。
③コントロール：何らかのコントロールや影響力を行使できるか。選択肢はあるか。
④持続性：いつまで状況は続くか。永続的なものか一時的なものか。
（2）本人：対処能力を左右する特徴
①全体の見通し：人生を本人が肯定的に捉えるか，否定的に捉えるか。
②コントロール：人生を自分でコントロールできると思うか，宿命と思うか。
③対処のスキル：ストレス解消の仕方や意思決定，行動のあり方を知っているか。
④過去の経験知：以前の転機はうまく対処して，経験を積んでいるか。
（3）支援システム：転機の難度が下がると考えられる選択肢
①人的資源：心理的な支えとなる家族や友人はいるか。
②物的資源：転機を乗り越えるための十分な資金や物的資源はあるか。
③公的機関や民間団体：転機を支援する機関や団体はあるか。
（4）転機に向き合う：リソースの点検と戦略計画

　直面した転機に向き合うためには，あわてることなく，どのリソース（内的資源）でつまずいているのかを点検してみるとよいでしょう。具体的には，状況の変化をコントロールするために利用できる力（リソース）を点検し，状況の変化をどのように受け止めるのかの戦略と計画をまとめていくという，次の2段階の対処方法があります。

第1段階：リソースを点検する
　転機を乗り切るためには，どのようなリソースがあるのかを，4つのS（状況，自分自身，支援，戦略）の考え方を活用して点検していきます。

第2段階：変化を受け止める
　転機を乗り切るための戦略を選び，行動計画を立てていきます。自分自身が持つリソース（4S：次頁以降のコメントで説明します）を知ったうえで，この変化に対処するために必要な内面的な方向づけや自分自身を再定義する，エクササイズに取り組んでいきましょう。

エクササイズ『人生の転機の棚卸し』

　私たちの人生は，様々な転機の連続をうまく乗り越えられるか否かに左右されています。しかし，様々な転機を私たちなりに乗り越えてきたとはいえ，自分なりにどのようなリソースの状況の基でキャリアを形成してきたのか「ふりかえる」機会は，なかなか少ないでしょう。

　このエクササイズでは，人生の様々なライフイベントや課題によって形成されるライフ・キャリアを理解するために，転機を乗り越えるための4つのリソースのバランスを検討します。エクササイズをとおして，これまで経験した転機をどうやって乗り越えたのかを自問自答することによって，納得のいく転機を次のステージに向けて歩みやすくなるでしょう。

　このエクササイズは，人生の転機に対峙する際の視点を示した「4Sモデル（Schlossberg, 1989 武田・立野 監訳，2000）」と呼ばれる理論を参考にして，比較的どのような時期でも個人的に取り組めるように，私が作成したものです。また，グループになって取り組む場合は，自分の結果と他者の違いを比較してみると，興味深いことに気づくでしょう。

▶このエクササイズで学ぶこと

　このエクササイズでは，自分のライフ・キャリアをふりかえり，人生の転機を乗り切るために利用できる4つに分類されたリソース（状況，自己，支援，戦略）内的資源を点検し，どのように転機を乗り越えていくのかを考えていきます。
○今，自分が人生の転機でどのような状況に置かれているのかを見定めることができるでしょう。
○リソースの状況を検討し，納得のいくキャリアの転換期を迎えることができるでしょう。
○人生の転機についての捉え方を広げる機会になるでしょう。

▶エクササイズのすすめ方（所要時間約60分）

　このエクササイズは，人生の転機を迎え，今その対処方法を考えていくために，「4つのリソース」についての状況（質問項目）から，自分の経験・傾向に近いものをそれぞれ選択し，どのようなコントロール状況にあるのかの，その合計値を点検（検討）しバランスをみていきます。

　このエクササイズに要する時間は，点検表の個人記入（30分），グループでのわかちあい（20分），小講義（10分）程度を目安にします。

　次に，すすめ方を説明していきます。個人の場合は，1.1）と2）および3．に取り組んで終了します。

1．点検表の記入と集計（点検・記入）
1）個人記入
（1）まず，過去に，自分がどのような転機に遭遇してきたのか？（またはうまく乗り越えてきたのか？）を考えて，その概要をイメージしてみましょう。
（2）p.70の「4つのリソース状況点検表」を用意（配布）して，上記（1）でイメージした概要を簡略にメモした後，表のそれぞれの横列の数値の中から最も当時の自分の状況に近いものを選び○で囲みます（理想や期待は除外してください）。
（3）この「点検表」には，4つのリソースごとに複数の問いが用意されています。今の状況を0から4の数値に置き換えてみる

と，どのような状況になっていると思うか，答えてください。思い出しながら急がずに，ありのままの状況を選んでください。職場でのOff-JTや研修講座，大学の授業などでは，全体が同時にすすんでいくように，ファシリテーター役の人が項目ごとに読み上げるとよいでしょう。

2）個人集計
（1）すべての問いに〇をつけ終わったら漏れがないか確かめてください。確認が終わったら，4つのリソースごとに集計してみましょう。
（2）集計結果は「4つのリソースのプロフィール」（p.71）のそれぞれ位置に，合計点の印をつけて線で結びます。
（3）どのような状態になっているのか，4つのリソースの問いを確かめながら，位置関係を点検していきます（あくまでも自己認識によるものです）。特に，この4つのリソースは，個人で自己検討するうえでも，カウンセラーがクライエントを理解するうえでも，どのリソースでの「つまづき」があるのかを把握・検討できるので，今後の参考になるでしょう。

3）一覧表の作成（グループで行う場合のみ）
（1）数名のグループになって，メンバーそれぞれのリソースごとの状況が数値（合計点）でわかるように，「一覧表」（p.72）を作成してみて見比べてみましょう。
（2）「一覧表」の作成後，時間があれば，エクササイズを行ってみてどうだったのか見比べながら，ひとりずつ順番に数値を読み上げるなど無理のない程度で「わかちあい」をするとよいでしょう。

2．ふりかえりとわかちあい
1）「プロセスシート」（p.73）を各自で記入してください。よい悪いは考えないで，ありのまま思ったとおり記入してください。
2）全員が記入し終えたら，「わかちあい」をします。各自が，「プロセスシート」に書いた気づいたことや感じたことを基に，ひとりずつ順番に発表していきます。お互いに自由で開放的な話し合いができるとよいでしょう。
3）複数のグループで実施した場合，各グループから，「わかちあい」で出されたおおよその話題を発表し合うとよいでしょう。

3．コメントと小講義
　上記の取り組みをひととおり終えたら，このエクササイズで学んだことに関連する「コメント」や「小講義」を読んで学習しましょう。なお，掲載できなかった小講義等を紹介しますので，今後の参考にするとよいでしょう。

・小講義Ⅲ「フォロワーの思考（戦略的な着眼点）」星野欣生（監）船木幸弘（著）『Off-JTに活用する人間関係づくりトレーニング』（2017，金子書房）
・小講義Ⅳ「相手の心に伝える話し方」星野欣生（監）船木幸弘（著）『Off-JTに活用する人間関係づくりトレーニング』（2017，金子書房）
・小講義「関係的成長ということ」星野欣生（著）『職場の人間関係づくりトレーニング』（2007，金子書房）

「人生の転機の棚卸し」4つのリソース状況点検表

あなたが直面した（うまく乗り越えた）と思う転機を簡略（大まか）に書いてください。

リソース		状 況		点 検				
状 況 (Situation)		このような状況は予期されていたことか？	予期できない	0	1	2	3	4	予期できた
		この状況が起きたタイミングはどうか？	悪かった	0	1	2	3	4	良かった
		この状況をどのように捉え、受け止めているのか？	危機	0	1	2	3	4	好機
		この状況は、どの程度の期間になると思うか？	長期的	0	1	2	3	4	一時的
		到達したい自分の目標達成はどうか？	できない	0	1	2	3	4	できる
		この状況・問題以外に抱えるストレスはどうか？	ある	0	1	2	3	4	ない
自 己 (Self)		あなたの人生にとっての程度重要か？	些細	0	1	2	3	4	重要
		どのくらい自分は幸せだと感じているのか？	最低な	0	1	2	3	4	最高に
		自分は変化に対してどのように向き合うか？	圧倒される	0	1	2	3	4	立ち向かう
		変化に直面したら自分でコントロールできると思うか？	できない	0	1	2	3	4	できる
		労働・愛情・余暇・学習のバランスはどうか？	考えない	0	1	2	3	4	考える
		これまでの興味、スキル、経験を活かせるのかどうか？	活かせない	0	1	2	3	4	活かせる
支 援 (Supports)		自分が必要とする援助を他者から得られるか？	得られない	0	1	2	3	4	得られる
		自分の成功を期待し励ましてくれる家族や友人はいるか？	いない	0	1	2	3	4	いる
		自分を支えていた支援システムは途絶えたか？変わったか？	途絶えた	0	1	2	3	4	変わらない
		自分を支えるシステムは、大きな力となるか？	ならない	0	1	2	3	4	なる
		重要な情報と支援の提供者とのつながりはあるか？	いない	0	1	2	3	4	いる
		乗り切るための経済的な援助など実質的な援助はあるのか？	ない	0	1	2	3	4	ある
戦 略 (Strategies)		新たなトレーニングや戦略をやっているのか？	やっていない	0	1	2	3	4	やっている
		状況見直しの方法や判断の仕方、他の選択肢はどうか？	ない	0	1	2	3	4	ある
		この状況の持つ意味を変えようと試みているのか？	試みていない	0	1	2	3	4	試みている
		リラクゼーションや運動などストレス解消法はあるか？	ない	0	1	2	3	4	ある
		時間的制約や問題はどうか？	ある	0	1	2	3	4	ある

ジョアン ハリス＝ボールズビー・原 恵子・日本マンパワーCDA研究会（2017）．「ナンシー・K・シュロスバーグの理論」『キャリアコンサルタント養成講座 TEXT 3 キャリアカウンセリングに関する理論』(pp.59-60, 日本マンパワー) を参考に作成。

4つのリソースのプロフィール

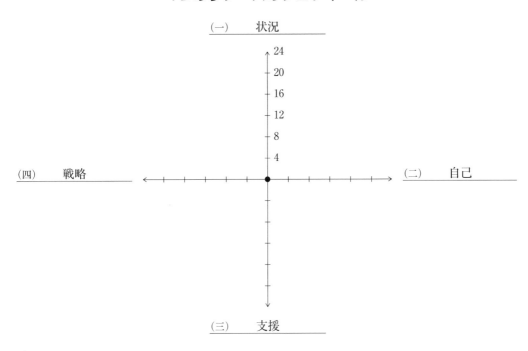

【転機を乗り越えるための状況把握・整理メモ】
　"今"どのようなことが人生（ライフ・キャリア）の転機に必要なのか？　を考えるために，リソースごとの課題を整理してみましょう。

（一）状況（Situstion）：　　　　　　　（二）自己（Self）：

（三）支援（Supports）：　　　　　　　（四）戦略（Strategies）：

※自分の強みは

「人生の転機の棚卸し」 4つのリソース点検 一覧表（人生の転機）

氏名

リソース	状況	自分						
状況 (Situation)	このような状況は予期されていたことか？							
	この状況が起きたタイミングはどうか？							
	この状況をどのように捉え、受け止めているのか？							
	この状況は、どの程度の期間になると思うか？							
	到達したい自分の目標達成はどうか？							
	この状況・問題以外に抱えるストレスはどうか？							
	あなたの人生にとってどの程度重要か？							
自己 (Self)	どのくらい自分は幸せだと感じているのか？							
	自分は変化に対してどのように向き合うか？							
	変化に直面したら自分でコントロールできると思うか？							
	労働・愛情・余暇・学習・健康のバランスはどうか？							
	これまでの興味、スキル、経験を活かせるのかどうか？							
支援 (Supports)	自分が必要とする援助を他者から得られるか？							
	自分の成功を期待し励ましてくれる家族や友人はいるか？							
	自分を支えていた支援システムは途絶えたか？ 変わったか？							
	自分を支えるシステムは、大きな力となるか？							
	重要な情報と支援の提供者とのつながりはどうか？							
	乗り切るための経済的支援など実質的な援助はあるのか？							
戦略 (Strategies)	新たなトレーニングや戦略をやっているか？							
	状況見直しの方法や判断の仕方、他の選択肢はどうか？							
	この状況の持つ意味を変えようと試みているのか？							
	リラクゼーションや運動などストレス解消法はあるのか？							
	時間的制約や問題はどうか？							

ジョアン ハリス・ボールズビー・原 恵子・日本マンパワーCDA研究会 (2017). 「ナンシー・K・シュロスバーグの理論」『キャリアコンサルト養成講座 TEXT 3 キャリアカウンセリングに関する理論』(pp.59-60, 日本マンパワー) を参考に作成。

『人生の転機の棚卸し』プロセスシート

このエクササイズをとおして
1．気づいたこと学んだことを，思いつくまま，自由に書いてみてください。

2．人生の転機について気づいたこと感じたこと

3．自分や他者について何か気づいたこと感じたこと

4．その他気づいたこと感じたことなど何でも

コメント

「4つのリソース」の状況を点検し、「人生の転機（トランジション）」のコントロール状況を考えてみてもらいましたが、さて、どうだったでしょうか。

最初の「問い」では、あなたが直面した（うまく乗り越えた）と思う転機を思い出してもらいました。どのような困難があったのでしょうか。そして、あなたが思い出したことについての「4つのリソース」の状況を点検してもらいました。

その転機は「予期していた」ことだったのか、「予期していなかった」ことだったのか。あなたのライフサイクルの「どの時期」に起こり、そして、その転機は、自分のこれまでの人生を「どのように変化させた」出来事だったのでしょうか。

このエクササイズは、これまでとは違った観点から、状況、自己、支援、戦略という「4つのリソース」を点検し、今後の戦略を考えてみる機会になったと思います。また、他のメンバーと一覧表を作成し、「わかちあい」をすることで、項目ごとにそれぞれの異なった状況が見えてきたと思います。その状況がどのようなものなのか、何かのヒントを得た人もいたでしょう。

私から皆さんに書籍を「おすすめですよ」と選ぶならば、まさしく本章のテーマと一致する書籍『トランジション－人生の転機を活かすために──（Bridges, 2004 倉光・小林訳 2014）』をお勧めします。理由は、次のような記述に衝撃を受けたからです。その一文をここで紹介しましょう（下線筆者）。

- 重要なトランジションの1つを発見…（中略）…もはや昔のように技術を高めることには興味がなくなってしまった。
- これまで自分がいた世界を「手放して」新しい世界に入る（踏み出す）こと。これができるようになるには時間がかかる。
- 「今何を手放すべきか」を見つけることによってしばしば、トランジションを有意義に推し進める道が開かれる。
- 残念ながら、人々は人生に新たな要素を付加したがる傾向にある。…（中略）…新しいスタートを切るためには、「今まさに手放すべきもの」を実際に手放していくという「終わり」から始めなければならない。

これらの内容は、「新しい何かを始めるためには、現在の自分をやめなければならない」ことを私に教えてくれました。ちょうどこの時期は、職務の過重な割り振りに負担感を抱いた頃でしたが、妻の手術（肺がん）と里子の処遇問題、年度始まりと出版原稿の入稿時期が重なって、やりきれない行き詰まった状況だったのです。小講義ではウイリアム・ブリッジズの「転機」についての説明があります。私に「何を手放すのか」という人生の転機とコントロールの必要性を教えてくれた全278頁のこの書籍は、たびたび読み返すことがあります。

小講義　人生の転機とアイデンティティの発達

　人生の転機（トランジション）を克服する中心的なテーマは，ライフ・キャリア全ての段階における「アイデンティティ（自分らしさ）」です。人は，アイデンティティの発達を青年期に経験し，それ以降の成人期ではアイデンティティの変化を経験します。それらの経験は，環境との相互作用を繰り返しながら行動し，その中で興味や価値観も形成してライフ・キャリアにおける選択や決定を行っています。そして，人生の転機（トランジション）を重ねて，その状況に主体的にかかわっていくという経験を積むことで，私たちのアイデンティティはより強固で柔軟になっていきます。

■キャリア発達を促進する人間関係

　人生の節目で出会った他者（支援者）との相互依存のネットワークの中でキャリアが形成されます。キャリアは，自分ひとりで形成できないので，自分自身の能力，立場，役割，アイデンティティの理解を向上させてくれる支援者がいるのか，キャリア的側面を支援してくれる支援者がいるのか，ということが重要です。

　メンタリング理論（キャシー・E・クラム）によると，個人のキャリアの向上支援には，キャリアと心理・社会的両側面からの支援をする必要があります（新目，2016）。キャリアの側面からの支援「キャリア的機能」とは，仕事のコツや組織の内部事情を教えることで組織内における昇進への備えを促していく行動を指し，上位の者としての経験や組織内における相応の地位，組織的な影響力があって初めて効果も発揮されます。一方で，心理・社会側面からの支援「心理・社会的機能」とは，専門家としてのコンピテンス，アイデンティティの明確さ，有用性を高めるように導く働きを指し，相互の信頼と親密さを対人関係によって増すことで活かされます。

■社会的学習理論

　人間の発達は人間の内的条件の変化というよりも，外的な刺激−強化による社会的学習のプロセスであることを提唱したクルンボルツ（Krumboltz, J.D. 1994）の「職業選択やキャリアは，学習の結果である」という考え方をここで説明します。職業選択の実際では「解決できる方法があるのにそれを学習しない」「不適切な選択肢を学習している」「能力がないと思い込んで苦痛や不安を感じて何もしない」などの未学習や，誤った信念や思い込みが職業選択を困難にする場合が多くあります。そのためクルンボルツの考え方には説得力があると思います。

　また，「職業選択行動は，学習の結果であって，過去に起こった出来事と将来起こるかもしれない出来事を，結びつけて解釈した結果である」として，そのプロセスに影響する4つの要因が彼によって示されています。
①先天的に持つ資質や能力（人種，性，身体条件，性格，知能など）
②環境条件や出来事（求人数，雇用・訓練機会，企業の採用，労働条件，労働市場など）
③学習経験（個人がやってみた経験，他者を観察して得られた経験）
④課題解決スキル（問題解決能力，労働学習，精神的構えなど）

■キャリア形成の成功法則

　人生で最も時間を費やすのが仕事です。「キャリア形成のための6ステップ」によると幸せな職業キャリアを送る人は「①自己理解⇒②仕事理解⇒③啓発的体験⇒④意思決定⇒⑤実

行（行動）⇒⑥職場適応」のステップを踏んでいます。

①は考え方や関心，能力などあなた自身をよく知ることです。この本全般のテーマがこれに該当します。②は①を踏まえて，ビジネスモデルや職種および就業へのルートを知ることです。これらを経て③では実際に実感し，必要に応じた検討を行います。④は職業・職場選択への意思決定で，⑤はその意思決定を学習や就職活動という形にすることです。⑥はその職業における仕事に適応していくことになります。

これらのことから，キャリア形成の成功法則は「自己理解」なくして成し得ないことがわかります。

■社会学的構造理論

人生の転機では，これまでの人生における自分自身の「直接的な経験」と「間接的な経験」によって，意識，無意識的に何かを選択したり意思決定を行っています。「直接的な経験」とは，実際に自分自身が成功や失敗をすることです。また，「間接的な経験」とは，直面する課題についての「自問自答」，周囲の人からの「評価」や「フィードバック」，周囲の人の成功や失敗談などを聴くことです。しかし，これらはどのような経験であっても，環境，家族，機会（出会い）という3つの次元の中で，あくまでも社会と個人の相互関係の基に成り立っています。

ここでは，個人のキャリア選択・キャリア形成の視点から生態学的システム理論の提唱者であるブロンフェンブレンナーの「相互連結の原則」を学んでいきます。

■環境の次元（影響）

私たちを取り巻く環境は，物理的，社会的および文化的という様々な次元を持っています。また，これらの環境は空間的，時間的に時代によって変化しながらライフ・キャリア（人生）の形成に影響を与えています。

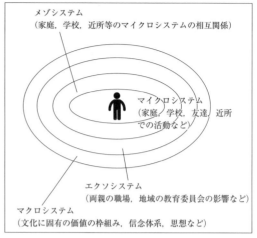

図4-3 社会や文化の産物としての発達
Bronfenbrenner（1979 磯貝・福富訳，1996）『人間発達の生態学』（pp.23-28，川島書店）を参考に作成

次の4つの次元のシステム環境（図4-3）が，個人のキャリア選択や形成に影響を与えていくと考えられます。

①マイクロシステム：家族および友人，クラスメイト，近隣の遊び仲間などとする活動，役割，対人関係による身近な経験の次元
　（例）親の職業を子どもが継承するなど。
②メゾシステム：家庭，学校，職場などの複数のマイクロシステム間の相互関係の影響が，個人に及ぼす影響
　（例）学生がアルバイトをしたことによって家庭や学校，職場から影響を受けるなど。
③エクソシステム：親，年上の兄姉が属するシステムなどで起こること，間接的に及ぼす影響
　（例）親の職業が，間接的に子どもの価値観などに影響を及ぼすなど。
④マクロシステム：文化，国家，イデオロギー，習慣，社会規範，法律など，求める人間像などが及ぼす影響
　（例）世代間の行動様式や職業意識の違いなど。

■家族の次元(影響)

　一般的に,家族はその構成員の知識の拡大や,逆に限定するような経験を生活の中でもたらします。また,家族の期待や家族をとおしての出来事は,構成員の行動を強化する働きがあります。したがって,それらが連続する環境の中で暮らすうちに,家族の構成員としての社会的地位もできていくことになります。

　教育,職業,収入など地位を示す親のキャリアは,その子どもが到達できる地位に間接的な影響を与えるようです。複雑かつ分化した今日の社会では,子どもは家族の働く姿を直接見ることが少なくなったので,若年者の勤労観の欠如,職業選択の未成熟さをもたらしていくことが懸念されます。

■機会(出会い)の次元(影響)

　人が,何かの事柄を選択するかどうかは,まず,選択できる機会に出会う(恵まれる)かどうかによります。それは,人の行動は実際に個人が計画して選択するのではなく,選択される機会が生じた時に,行動したに過ぎないと考えられるからです。また,人の行動に影響を与える要因は,ある出来事が物理的に存在することと,ある人にとってその出来事に遭遇する機会になることとは別になります。職業選択を例にすると,教育・選抜のメカニズム,雇用・採用パターン,家族,その他の社会的構造要因が行動に影響を与えると考えられています。したがって,個人の選択やキャリアの決定は,ある社会や組織・集団のメンバーであることが影響するのではなく,それをどのように受けとめるのかという個人の捉え方で異なります。

気づきの明確化シート　——みつめる——

1．この章のエクササイズを終えて，気づいたこと感じたことを，思いつくまま記入（箇条書き）しましょう。

2．そのような事柄に影響したと考えられることで，思いつくことがあればいくつか記入しましょう。

3．これからもう少し大切にしていきたいと思うことがあれば，記入しましょう。

4．「みつめる」ということについて，気づいたこと，感じたことは。

5．その他，気づいたこと，感じたことを自由に記入しましょう。

みとおす

人間関係づくりの展望

■人間関係づくりの展望にむけて

　私たちは，日常で人と出会い，日々の生活を人と関わりの中で過ごしています。このように人間関係は人と関わることだと一般的に考えられていますが，第1章から学んできたのは人間関係に影響を与える事柄として筆者が注目した「行動するまでに起こること」，「基本的人権」，「信念の合理性」，「人生の役割と転機」でした。

　ここでは，もう少し俯瞰的に「人間関係」とは何かを考えてみましょう。

■地域で「ともに暮らす」という人間関係

　地域に継承されてきた行事やお祭りは，落ち着いた情緒をしっとり味わえるものや，圧倒されるほどの勇猛果敢さで訪れる人々を魅了するものなど，そこで暮らす人々が中心となってその地域の多様な雰囲気を作り上げてきました。一方，地域の行事とは，例えば，運動会，成人式などが挙げられます。地域のお祭りでは，大規模なものとして「日本三大祭り」，地域限定でみると北から「札幌雪まつり」「札幌よさこいソーラン祭り」「青森ねぶた祭り」「弘前さくらまつり」「仙台七夕まつり」などが知られています。皆さんが暮らす地域でも「盆踊り」や，神社等でも「お祭り」があると思います。これらは，どのような地域でも開催時期が決められているので，それなりの準備が担い手たちによって行われます。地域の人たちが本番の数か月以上も前から何度も何度も集まって練習を重ね入念な準備をして，晴れて華やかな舞台を迎えていくのです。このようなプロセスを経て，担い手は大人たちから子どもたちへ，先輩から後輩へと伝統芸能や郷土愛の伝達が行われてきました。しかし，学ぶこと・得るものは祭りに関わる事柄だけではありません。第1章で学びましたが，人は様々な経験をしながら自分や他者の行動に影響を与え合っています。まさに，地域で「ともに暮らす」住民同士が肌と肌で直接かかわり合う体験になり，意見や価値観の違いをぶつけ合い，成功・失敗をわかちあいながら，深いつながりを創っていくのが地域の「まつり」です。そこでは，コミュニティと「ともに暮らす（生きる）」という人間関係が生まれ育まれ「志（こころざし）」も受け継がれていくように思います。

■人間関係の4つの次元

　「人間関係」という言葉は，しばしば，具体的なひとりの人と他の人との間に起こる行動を意味している「対人関係」と混同して用いられていて，一般的に2人以上の人たちの間に起こる社会的事象として捉えていることが多いようです。しかし，柳原（2001）が示した「人間関係」の次元（図5-1）はもう少し深みがあることを私たちに教えてくれます。

（Ⅰ）の次元：私と私（自己概念）との関係

　私が「私だと思っている私」との関係の事で，「人間関係」において「私」という個人内にあ

る問題がとても重要です。英語でいうと「Ｉ」と，「me」，日本語で「主我」「客我」と表現されることがあります。

（Ⅱ）の次元：私とモノとの関係

「私」と人との関係ではない物との関係のことで，私たちが暮らす環境，周りの物との関係を指します。

（Ⅲ）の次元：私とヒトとの関係

「人間関係づくりトレーニング」の主要な学習・トレーニング領域である，「私」と人との関係ことで，対人関係からグループ・組織・社会などを指します。

（Ⅳ）の次元：私と価値との関係

「私」が持っている価値とは何なのか，という次元で，価値の多元化の世にあって「私」と価値とはどのように関わっていけばよいのかを明確にしていくことです。

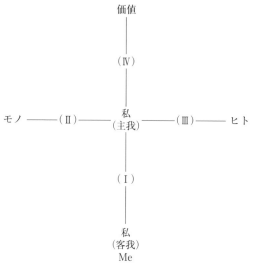

図5-1　人間関係の4つの次元
出展：柳原（2001），「人間関係の四つの次元」『新版 Creative Human Rrlations 小講義集 001』（pp.29-32，プレスタイム）より

図5-1見てみると，「私」と「価値」の関係，「私（主我）」と「私（客我）」の関係もあって，意外に感じる人もいると思います。特に，人間関係が希薄化していく地域の衰退と，周囲の蔓延する個人主義的人間観が気になります。私が人間関係を拡大して捉え過ぎているかもしれませんが，時々この図を見ては少し考えたりしています。皆さんはどうでしょうか。

■仕事上の人間関係と価値観

職場で他者と関わりながら活動していると，自分の仕事と職場が目指すこと（価値観）のズレや，他者と考え方の大きな違いを感じて気になったことがありませんか。例えば，「自己実現，楽しみ，報酬（お金），社会貢献，私的充実感，スキルアップ，信頼，名誉・誇り」など，これらは人それぞれの考え方の違い（価値観）があるから気になることだと思います。

一方，私たちは，自分が持っている合理的基準から物事を予測・判断するので，捉え方の違いで物事のあり様を歪めていることがあるようです。これは，複雑な問題解決のために人が何かの意思決定を行う時，手ごろな方法や原則を無意識に用いて認知上の偏り（「ヒューリスティック・バイアス」と呼ぶ状態：ダニエル・カーネマン 2002年ノーベル経済学賞）を生じさせるというものです。私たちの直感は，このような極端に偏った予測や平均的な考えを選びやすいので，まずはその直感（予測）を過信しすぎないように気をつけるとよいでしょう。

そこで，本章では「仕事や生活で大切にしたい自分の考え方や生き方」を棚卸し（把握）するエクササイズを行ってみましょう。次に「あなたが自分のできること（能力）」に取り組んでみましょう。これらのエクササイズは，「価値観」と「相手の印象」を自分なりに捉えてみるものですが，これまで考えたことも無いような自分に"気づく"，望ましい自分なりの考え方も"見えてくる"かもしれません。特に，自分はどのようなことを「大切にしたい（価値観）」と思っているのかに気づき，また，相手からどのように思われていたのかを知ることで，これまでと異なった自分自身の捉え方ができる機会にもなります。よい悪いではなく，あるがままの自分に"気づく"ことから学んでいきましょう。

エクササイズ『仕事と生活のKeyword』

　このエクササイズの名称は，価値の明確化のエクササイズ『仕事と生活のKeyword』です。自分が意識している仕事と生活の"keyword"はどのようなものなのか，逆に，意識していないものはどのようなものなのかを考えていくもので，個人で行うことができます。

　このエクササイズは，「仕事と個人の生活両面に関する"価値"」（Senge, 1994 柴田・スコラコンサルタント監訳, 2003）と「人生の価値と仕事の価値」（Hansen, 1997 平木ほか監訳 2013）に掲載されている用語などを活用して，「私の仕事と生活の価値観（私マップ）」（船木, 2017）を参考に筆者がリスト化したものです。

▶このエクササイズで学習できること

　自分はどのようなことを意識して，働き・活動しているのかを知ることは，「人間関係づくり」に大きな意味があります。このエクササイズでは，次のことを学びます。
○自分のライフ・キャリアで意識するKey-wordはどのようなものなのかを検討します。
○今後どのようなKeywordを意識してキャリア形成を行っていくかを考えます。
○自分と他者のKeywordの違いを知ることで，お互いを知り合う機会にします。

▶エクササイズのすすめ方（所要時間約60分）

　このエクササイズの所要時間は約60分です。1人で行う場合には，次の個人作業のみを行うとよいでしょう。ここでは，職場のOff-JTなどで行った場合を想定し，数名のグループになって実施する場合を付け加えて説明していきます。

1．個人作業（15分程度）
1)「記入用紙」（p.83）に記載されている内容に従って必要事項の記入を開始します。
　※記入にあたっては，選択する際に「こうありたい」「こうすべきだ」という理想を記入しないようにします。その理由は，この教材が，あくまでも，今，自分が働いている"現実"での態度，行動を「ふりかえる」ものだからです。

2) 記入用紙の記載事項A1の行程から始めますが，該当しない語句には印はつけません。まず，最上段にある5つの語句から自分のKeywordとして「印（☆）をつける」候補1つを選び，印をつけます。次に2段目にある5つの語句から候補を選びます。次の3段目以降も5つの語句から候補選びを最終段まで順に行います。

3) 次に，記入用紙の記載事項A2の行程を，同じ手順で「印（レ）をつける」候補を選んでいきます。

4) A1と2の行程が終わったら，Bの行程にすすんでください。Bの行程では，上記の行程で選んだ印（☆）と（レ）ごとの順位をつけます。順位が決まったら，〈記入欄B〉に上位3位までの語句を，自分のKeywordとして記入して終了します。

2．グループの一覧表づくりと発表（15分程度）
1) 全員の記入が終わったら，全員が「グループの一覧表」（p.84）づくりを行います。この一覧表には，グループのメンバー全員が選択した「Keyword」をそれぞれ記入します。一覧表の氏名の配列は全員が同じになるようにしてください。

2)「グループの一覧表」ができあがったら，

まず，ひとりでじっくりと一覧表を見て，理由や背影を考えてみましょう。（5分程度）

3）次に，最初の人から「意識している言葉」について，選んだ理由と，それらが仕事（活動）や日常生活のどのような場面で現れているのかについて発表します。続けて「意識していない言葉」についても同じように行います。

4）最初の人の発表が終わったら，他のメンバーは，不明な点，理解できない点，もっと知りたいことを質問します。しかし，答えたくない質問には無理して答えなくてもよいでしょう。

3．ふりかえり，わかちあい（20分程度）

「プロセスシート」（p.85）に気づいたことなどを記入して，わかちあいを行います。

具体的な「すすめ方」については，p.69を参考にして行うとよいでしょう。

4．コメント・小講義（10分程度）（全員で）

上記の取り組みをひととおり終えたら，このエクササイズで学んだことに関連する「コメント」や「小講義」を読んで学習をすすめてください。なお，この章に掲載しなかった「小講義」を紹介しますので今後の参考にするとよいでしょう。

・小講義「学習の動機づけ」船木幸弘（著）『Off-JTに活用する人間関係づくりトレーニング』（2017，金子書房）
・小講義「価値観が人間関係に落としている光と影」星野欣生（著）『人間関係づくりトレーニング』（2004，金子書房）
・「価値観と人間関係」小講義集009「個人の気づき」プレスタイム社

『仕事と生活のKeyword』(棚卸し) 記入用紙

ここからは、Aの行程を行ってから、Bの行程にすすんでください。

A 以下に並んでいる言葉の中から
1. 生活や仕事する中で、あなたが日常で意識している (価値を感じている) 言葉に印 (☆) をつけてください。
2. 逆に、生活や仕事する中で、あなたが日常で意識してない (価値を感じてない) 言葉に印 (レ) をつけてください。

B 印 (☆) をつけた言葉の順位と、印 (レ) をつけた言葉の順位について〈記入欄B〉に記入してください。

〈記入欄A〉

愛情	家庭を持つ	安定性	質のよい	健康
安全・安心	オープンな	効果的な	協力する	喜び
満たされた	落ち着き	効率的な	権威・権力	穏やか
省エネ	お金・富	成果	社会改善	芸術的な
人間力	コミュニティ	社会正義	困難な課題	他者の承認
礼儀	参加	居場所	評判・名誉	カリスマ性
決断力	時間的自由	誠実さ・堅実さ	手際の良さ	知識・教養
忠実さ	自他の尊重	準備性	意味のある	自立・自律
道徳的に	公共性・公平性	成長する	使命・責任	多様性・汎用性
平和的に	民主的な	活動的な	ひとりで	リーダーシップ
自然体	ボランティア	専門的な	人間関係の質	フォロワーシップ
内的調和	人助け・貢献	自己効力感	社会的地位	昇進・昇格
親密な関係	お互いさま	創造性	達成感	自己表現
純粋さ	他者とともに	卓越性	緊張感	真実
正直さ	配慮ある	洞察力・思慮深さ	チャレンジ精神	秩序ある

〈記入欄B〉

意識している言葉　　　　　　　　　　　意識してない言葉

Ⅰ.　　　　　　　　　　　　　　　　　　Ⅰ.

Ⅱ.　　　　　　　　　　　　　　　　　　Ⅱ.

Ⅲ.　　　　　　　　　　　　　　　　　　Ⅲ.

『仕事と生活のKeyword』グループの一覧表

氏名 \ 項目	意識している言葉			意識していない言葉		
	Ⅰ	Ⅱ	Ⅲ	Ⅰ	Ⅱ	Ⅲ
1.						
2.						
3.						
4.						
5.						
6.						
7.						

※個人作業で用いた記入用紙から、それぞれ転記して「一覧表」を完成させます。

『仕事と生活の Keyword』プロセスシート

このエクササイズをとおして

1．自分の記入用紙にある事柄から気づいたこと感じたこと

2．他者の記入用紙を見たり，話を聞いて気づいたこと感じたこと

3．その他気づいたこと感じたことなど

コメント

　さて，このエクササイズはどうだったでしょうか。

　「仕事と生活のKeyword」では，自分が普段意識しているKeywordと，意識してないKeywordを書き出しました。今の自分がどのKeywordを意識していて，どのようなKeywordは意識していなかったのかを，見つめてみる機会になったと思います。また，グループの一覧表を作成し仲間と取り組んだ場合では，お互いのKeywordの意味なども説明し合うようにして，ありのままに語り合ったと思います。今回たまたま同じグループのメンバーとなった人もいれば，いつも一緒にいる人がメンバーだった場合もあると思いますが…どうだったでしょうか。

　私たちは普段の仕事や生活で，今の自分がどのようなKeywordを意識しているのか（意識していないのか）をみつめる機会は少ないように思います。普段の仕事や生活の目的や方向性をこのKeywordを意識した機会に再認識しておくと，他者理解や相互理解のヒントが得られるかもしれません。

　私たちは，すぐに，自分のダメなことを気にしたり，反省点を捉えて評価的に見てしまいがちです。しかし，そうではなくて，まず，自分をそのまま受け入れることが，とても大切です。特に，良い・悪いなど評価的判断をしないことが重要だと思います。何かの評価基準を決めて良い悪いも言えるでしょうが，（人の態度や行動の仕方には）誰にでも共通するような基準はないと思います。もしかすると，一覧表を見て自分と正反対の選び方をしているメンバーに気づいたり，各メンバーのKeywordについての説明を聴いて，メンバーのいつもと違う一面を知ったり，他者理解とともに自己理解も深める機会になったと感じた人もいたことでしょう。また，ある状況の中で自分がどう考え行動するのか，相手との関係のあり方に関しても参考になるので，まず，今の自分が意識しているKeywordや価値観はどのようなもので，今後はどうしたいのか？　などのレポートを書いてみるとよいと思います。このように，エクササイズをとおして自分のKeywordや価値観を文章にする過程では，これまで意識していなかった新しい自分を発見するかもしれません。

　しかし，これらは少しの時間をおくことで変化するものも含まれています。特に，住む家や場所，一緒に働く人や暮らす人，自分の健康状態が変わると，人生の目的や仕事の質，人間関係なども変化します。そのためにも，このエクササイズは毎年定期的に（例えば自分の誕生日や新たなチームづくりなど）取り組んでみるとよいでしょう。

　このエクササイズは，拙著『Off-JTに活用する人間関係づくりトレーニング』の「私の仕事と生活の価値観（私マップ）」の変形型として作成しています。以前これに取り組んだことがあれば，後で見てみましょう。すると，どのような変化があったのかを確かめることもできます。重要なことは，自分に"喝"を入れることではありません。単純に自分が「意識して，大切にしたいことを，今の自分の価値観の一部としてその現状がどうなのかを捉えて，受け入れる」ことが大切です。年数（このエクササイズの回数）を重ねるたびに，自分の「意識しているKeyword」に対する見方・変化にも気づくことがあり，自己理解も洗練されていくことでしょう。

小講義I　人間関係に潜む価値観

　私たちは日常の中で，様々な事柄に遭遇し取捨選択をしながら仕事や生活をしています。私たちは生きていく過程で何かを選びながら，時には嫌でも選ばなければならない機会が必ずあるといっても過言ではありません。例えば，とても重要な仕事がある時に，どうしても行きたいコンサートが同じ日時にある場合，あなたはどちらを選ぶのでしょうか。私ならばコンサートをあきらめて仕事に向かいます。また一方で，私とは逆の行動をとる人もいるかもしれません。これらは，エクササイズ「仕事と生活のKeyword」の中でも問われていた「責任ある」「自己の尊重」「満たされた」「時間的自由」「意味あること」「得ること」などのKeywordを大切にしているかという違いが根底にあることが見えてきます。つまり，どのKeywordに価値を置いた選択をするのかという課題が見えてきます。

■違いを「大切」にするのが相互理解

　一般的に「価値観」が問われるのは，「何が大切か」という選択が迫られたような時です。「大切さ」とは「○○○に価値を置く」ということですから，「あなたにとって何が大切か」という問いは「何に価値を置いているか」と言い換えることができます。大切にしていることは何かというのは，好き，嫌いということも価値観につながっています。

　価値観とは，一言で言うと「ものの考え方や判断の基準」になるものです。これは，私たちが成長する過程で周囲（関わった人や集団）から影響を受けて形成されてきたもので，人それぞれに異なっているものです。つまり，どちらが良いとか悪いとか，誰にも判断ができません。

　私たちはこのように「異なっている」ので，お互いの違いを大切にしなければなりません。人がヒトを理解すること，相互にわかり合うということは，この考え方から言えば，お互いに異なっていることを認め，受け容れ合うということになります。これは，必ずしも考え方が同じになるということではありません。お互いの違いを認め，受け容れ合うことではじめて相互理解が始まり，価値観の異なっている人が仕事や生活を共にすることが可能になるのです。

　自分がどのような価値観を持っているのかは，日常の仕事や生活の中で何かしらの選択に迫られた時に表面化するので，そのような場面で気づくことになるでしょう。

■価値観の形成

　価値観は，「人が通過してきた集団や，関わってきた人の中でつくられ，また変化していくもの」です。ここでいう集団とは，家族，学校，仲間，職場，地域，国などのことです。例えば，私たちは親を選ぶことはできませんから，誕生と同時にその家族の一員となり，選択の余地がないまま親や兄弟姉妹の影響を受け取っていくことになります。学校にしても，公立学校と私立学校のミッションスクールでは，受け取る影響は随分と違うでしょうし，職場も，役所と百貨店では考え方や行動の基準なども違ってくるでしょう。国も同様で，国家同士の摩擦も，その根底には価値観の違いが横たわっています。

　また，価値観は文化や習慣とも関係が深いようです。アメリカの国旗は「星条旗」ですが，ひとつ1つの星が独立している各州を表し，平等であることを意味していて，個人主義をイメージさせます。日本の国旗は「日の丸」ですが，赤い丸が団結と太陽（自然）を表しているといわれ，集団主義を象徴していると考えられ

ています。このように捉えてみると，あちらこちらで価値観の違いが見えてくることでしょう。

■判断の基準としての価値観

普段，私たちは自分が持っている「ものの考え方や判断の基準」に基づいて行動しています。ある事柄に賛成したり反対したり，ある人を好きになったり嫌いになったりしますが，その根底にあるのが価値観です。職場の会合で，賛成，反対のレベルで議論していくと，お互いの考え方の違いの溝が深まるばかりで，相互理解から遠ざかっていくことになり，結局どちらかが強制的に排除されるか，もの別れに終わってしまうことになります。私たちは時に，自分と大きく違った考えに出会うと，まず，相手が間違っていると決めつけてしまうことがあります。第3章で学んだ「不合理な信念」とも関連している場合も考えられますが，それは，自分の考えは正しい，つまり自分の価値観が正しいと思っているからなのです。しかし，価値観に正しい，正しくないということはありません。先にも述べたように，人によって違っていることが当たり前，むしろ，違っていることに意味があるといってもよいでしょう。

■価値観と人間関係を関連させて

価値観は，様々な体験を重ねていく間に変化したり，また自分の意思で変えていくことができるものです。例えば，親の死に直面して「家族観」が変わることもあるでしょうし，ある書籍との出会いによって，自分の考え方を積極的に変化させていくこともあるでしょう。

では，人それぞれがこのように異なった価値観を持っているということは，人間関係づくりを考えるうえで，どのように関連させていけばよいのでしょうか。

ハンセン（1997 平木ほか監訳 2013, p.261）は「価値観は，個人のキャリア・プランニングの重要な鍵となる部分であるが，仕事と家族のあり方が変化していく現在においては，個人的な価値観を越えて進むことが重要である」と述べています。つまり，価値観の明確化から価値観の実現をどのように進めるのか，ということが人間関係づくりでもあるのです。

価値観が異なっているからよい関係をつくることが難しい，といって放っておくのではなく，異なっているからこそ，コミュニケーションを考えていく必要があります。結論から述べると，話し合いは価値観のレベルで話し合った時に，はじめてお互いに理解し合うことが始まります。それぞれの主張の根拠になっているもの，つまり，価値観のレベルにまで突っ込んで話し合ってみると，お互いが違っている理由と立場を理解することができるようになります。いわば，自分の主張は変わらないけれども，相手の考えも理解し始めること（他者理解と相互理解）になるのです。

理解し合うということは，主張が同じになるということではありません。真の相互理解というのは，相手の考え方のベースになっている価値観をよく聴き入れて，それを受け容れること（意見が同じになることではない）から始まります。価値観が異なっているからこそが，人間関係づくりにとって非常に重要な要素になっているといえるでしょう。

小講義Ⅱ　学習のステップとリフレクション

■体験学習と「ふりかえり（プロセス・タイム）」による成長

この本は，掲載されたエクササイズを個人，あるいはグループで取り組んだ後，必ず「ふりかえり（プロセス・タイム）」を行う体験学習（ラボラトリー方式の体験学習＝「人間関係づくりトレーニング」）をメソッドに採用しています。学習メソッドは，分野を問わず成果を大きく左右することが示されています。また，学習のプロセスは，学習の達成度を予測する最も重要な手がかりの１つであることがわかっています。学習とは１つの事への集中と計画性と内省をともなう活動であり，学習の方法がわかれば習得の度合いと効果は大きく上がる（Boser, 2017 月谷訳，2018，p.15）とされています。

「ふりかえり」は，図５-２に示すサイクルの中の「Look（指摘）」「Think（分析）」「Grow（仮説化）」を指していて３つのステップがあります。１人でプロセスシートに記入する（個人的内省），記入したことをグループ内の他者に発表する（わかちあい），グループの様子・学びを伝え合う（全体わかちあい）の順に，「今ここ」の体験から学びます。

「ふりかえり（プロセス・タイム）」は，体験を単なる「Do 体験」に終わらせないためのものです。なぜなら，どのような気づきや学びがあったかを確認したり，共有したりすることから学びが深まるからです。例えば，「エクササイズ」に取り組んでみたが，与えられた課題や成果（例：「正解・不正解」，「できた・できない」など）が思わしくなかった（Do 体験）。エクササイズでは，どのようなことが起こっていたかプロセスをみる（Look 指摘）。どうして

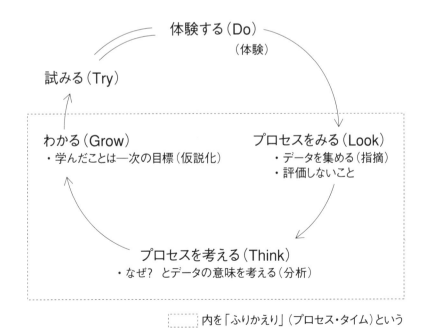

図５-２　ラボラトリ体験学習のステップ
出典：『人材教育』2005年９月号（p.13，JMAM 人材教育）

そのようなことが起こったのか（Think 分析）。それを踏まえて，次にどうするか（Grow 仮説）という流れです。「ふりかえり（プロセス・タイム）」をとおして体験における自分のあり方を見つめ今後に有用な「知」を見出す方法（リフレクション）の実践になっています。また，小講義は分析や仮説化に活かすこと，それまでのステップを研修や授業の最後に客観的な記述（学習ジャーナルの作成）を行うとより効果的です。

大切なのは，エクササイズをとおして，参加者が「うまくいかなかった。失敗した。難しい。」と思ったことに基づいて，どのような意味に気づいたのか，何を学んだのか，本人自らその意義・得るべきことを獲得していくこと，それがここでいう成長です。

■学習の5つのSTEP

人は，知識を得るだけでは上手く行動できません。「人が動く」には，知識を得てからその知識を活かして何かができるまでに5つのSTEPがあるからです。この真田（2015）の考え方を参考に整理してここで説明します（図5-3）。

①知る：読書のレベル

私たちは知識を得るには，通常，他者の言葉や書籍から得ています。しかし，書籍に書いてあることも全て他者の経験による知識（情報）です。読み手はそれを知っただけであり，何かが「できる」ようになるはずもありません。また，次のレベルの「わかる」に至る前にすぐに忘れてしまいます。

②わかる：研修や授業のレベル

「知っている」と「わかっている」は全く違います。「わかる」には，「論理的納得」と「心理的納得」という2つの段階があります。この「わかる」の段階では，「他者に説明する」「他者の視点から見直す」場合には一定の効果が見込まれ，自分で気づいたり何かを発見したりすると，「自由の要求」も満たされ「わかる」ことにコミットできます。

③やってみる

研修や授業などで「わかった」としても，多くの人たちは実際に「やってみる」ことが少ないようです。しかし，実際に「やってみる」ことがなければ学習の成果は得られません。「面倒くさい」「失敗して恥をかきたくない」という感情的な壁を越えて，「やってみたい」「やらないとまずい」という意欲を引き起こすことが

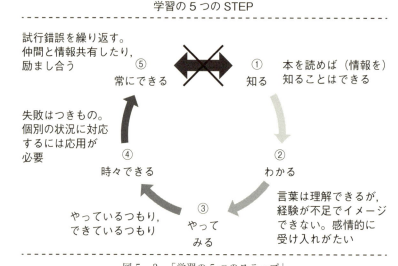

図5-3 「学習の5つのステップ」
出典：船木（2017）．『Off-JTに活用する人間関係づくりトレーニング』(p.24, 金子書房)

大切です。

④時々できる

どれだけ知識を詰め込んで「学習」しても，「やっても上手くいかなかった」と考えて，行動をやめてしまうことがあります。万能で魔法のようなスキルなどありませんから，個別の状況に対応する「応用力」が必要です。失敗の「ふりかえり」と「学び」なおすこと，試行錯誤に価値があります。

⑤常にできる

試行錯誤を繰り返すと，「常にできる」状態に徐々に近づいていくことができます。この状態を実現するにはひたすら「継続する」ことです。どのような状況にも対応できる万能な魔法はありません。実際に応用するという「応用力」と「実践力」が必要で，仲間と情報共有したり，励まし合うことが"源"になって，励みになるでしょう。

■体系的なアプローチ

どのようにすれば最も上手く学べるのでしょうか。普遍的な学習知識取得の手法が「学習方法を学ぶ」ということです。なぜなら，「学習の方法」さえ覚えれば，ほとんど何でも学ぶことができるからです。

①価値を見出す

学びたいと思わなければ学ぶことはできません。専門知識を習得するには，そのスキルや知識に価値があると見なさなければなりません。さらに，意味づけを行わなければなりません。つまり，学習とはすなわち対象の意味を知ることです。

②目標を設定する

知識を習得する初期の段階においては，集中力が必要です。何を学びたいのかを厳密に見極めて，目的と目標を設定しなければなりません。

③能力を伸ばす

練習にも，他者と差がつく力をつけられるようなものがあります。学習のこの段階では，スキルを磨き，パフォーマンスを向上させることに特化した手段を講じる必要があります。

④発展させる

この段階では，基本から踏み出して，知識を応用します。スキルと知識に肉付けして，より意味のある形の理解を形成することが大切です。

⑤関係づける

すべてがどう噛み合うかがわかるフェーズです。私たちが知りたいのは，その事実や手順が他の事実や手順とどう関わり合うのかを知りたいのです。

⑥再考する

学習には間違いや過信がつきものなので，自分の知識を見直し，自分の理解をふりかえって，自分が学習したことから学ぶ必要があります。

大切なことは，データ（知識・情報）そのものではなく，そのデータを使っていかに思考の質を上げるのか，ということです。事実・データ（知識・情報）を得ることは，ただの出発点です。また，効果的な学習は知識の総体の中の相互関係をつかむことです。

その一方で，スキルと知識を身につけるには，指導と支援が必要です。また，学習には指示が必要です。ここに「教育者の価値」があります。学習の場は，自分の考え方へのフィードバックをもらい，なかなか気づきにくい自分の間違いを確認する機会になります。よいフィードバックは，気づきとともに正しい結果を生む体系的な方法を与えてくれます。

エクササイズⅡ 『能力開発プラン』

このエクササイズは，お互い目の前にいる相手のことをどのように見ているのか（洞察力）と，他者に自分がどのような印象を与えているのか，フィードバックと受容をお互いに楽しむ中で，自己理解，他者理解，相互理解のきっかけになるものです。講座・研修プログラムの開始当初にありがちな固い雰囲気から楽しくリラックスできる雰囲気をつくり，時にはお互いの能力を知るドキッとする場面もあります。また，メンバー同士がお互いの行動や態度に対してフィードバックできるようになった時期に活用すると，学んだことをどのように活かすのかを考えながら，より効果的に学べるでしょう。

▶このエクササイズで学習できること

このエクササイズでは，私たちが「人」に対してどのような「思いこみ」をするのか，そして「思いこみ」がどのような影響を及ぼして事柄を起こすのか，体験をとおして学びます。また自分の日頃の言動や感情表現，知覚の歪みや偏見など，相手がどのように見ているのかについても知ることができます。
○自己理解，他者理解と学習を深めるフィードバックの大切さを学びます。
○私たちが他者に対して，どのように「先入観」や「固定観念」を持つのか，どのようにイメージ（見立て・第一印象）がつくられていくのかを体験をとおして学びます。
○自分が他者に，どのようなイメージ（印象・影響）を与えているのかを知る機会になります。

▶エクササイズのすすめ方（所要時間約80分）

このエクササイズは，自分が他者をどのように見ているのか，あるいは，他者が自分をどのように見ているのかを考えて，お互いに発表し合います。したがって，この実習は2人から5人程度で実施するとよいでしょう。また，お互いのイメージ（印象）をわかちあう「ちょっと変わった方法」で，お互いに知り合う「きっかけづくり」に活用できるエクササイズです。

なお，皆が同じ場にいない時は，電話やメール，手紙などのやりとりでも実施できます。（個人で行う場合は，）p.93の3．電話やメールなどで，を参照してください。

また，3人以上，複数人で実施する場合は，導入・すすめ方の説明（5分），記入用紙の（個人）記入（5分）×質問数，記入した内容発表と話し合い（10分）×質問数，ふりかえり・わかちあい（20分），小講義（10分）の時間を目安にすすめていきます。次に，具体的なすすめ方を，説明します。

1．記入用紙の（個人）記入
1）まず，1人1枚づつ，「記入用紙」（p.96）をメンバー全員に用意（配布）してください。ここでは，3人で行う場合を紹介しますが，2人でも5人でもすすめ方は同じです。名前の欄に自分も含めて3人の名前を書きます。（ここでは仮に，自分は山田次郎とし，他の2人を小野剛志，藤村裕子とします）
2）3人が机を囲んで，お互いの表情がよく見えるようにして座ります。
3）次に，質問の欄を見てください。そこには3つの質問がありますので，まず，個人の作業として記入用紙への記入から始めます。

※Off-JTや各種の研修講座では，ファシリテーター役の人が各項目の１つ目を読み上げて，全員が記入の仕方を理解してから，全体が同時にすすんでいくようにすると，進行状況が揃うでしょう。

　まず，質問１について記入していきましょう。この時は，誰にも相談しないで，１人で考えて記入してください。それぞれの人について，相手をよく見てあなたの"イメージ（見立て，第一印象）"で，その人が質問のどの項目に該当するのかを，そこに書かれている言葉の中から適切だと思う言葉を自分で決めて記入します（あまり深く考えずに，あくまでも，"あなたの見立て，第一印象"で）。また，そのように感じた理由もメモしておくといいでしょう。もちろん正解はありますが，ここでは，記憶にある相手に関連しそうな事柄などを参考にしていきましょう（その人に対して感じたままを書きます。それがあなたの見立て・第一印象です。"当たっているかどうか"は考えないでください。また，思いつかないとしても，少々無理してでも記入してみてください）。

　そして，自分のことは自分の欄に記入し，名前の欄に記入した自分のところは空けておいてください。

２．記入した内容発表と話し合い

１）質問１について，全員の記入が終わりましたか。書き終えたら，まず，小野剛志さんについてどのような印象を持ったか，ここでは，「１．得意なこと」で何を選んだかを伝えることにします。また，この時点では，メンバーはまだ固い雰囲気に包まれているので，緊張せずに，リラックスして行うとよいでしょう。次に藤村，山田の順に選んだ（考えた）理由を必ず伝えていきます。小野さんは発言しないで，その間黙って２人が言うのを聴いていてください。そして，<u>小野さんは名前の欄の自分の処に，２人が何を選んだのかをメモしておくとよいでしょう。</u>

　　２人が話し終わった後，小野さんは自分が何を選んだのかを発表し，理由も詳しく伝えましょう。そして，質問を受けたりしながら自由に話し合うと盛り上がりながら"楽しむ"とよいでしょう。

２）続いて，同じ方法で藤村さんに対して順次発表し，最後に山田さんについても全員からイメージを発表していきます。このように，全てのメンバーについて同じように繰り返していきます。

３）質問１が一巡したら，質問２について，さらに質問３について約10分を目安として同じようにすすめてください。

４）全部終わりましたか。あなたが他の人に持った"見立て・第一印象"とその人が理由をつけて説明した実際は，どのような結果だったでしょうか。おそらくは，違っていたことの方が多かったのではないでしょうか。イメージ（見立て，第一印象）とは，そういうものであるようです（合っていたからよいとか，違ったから悪い，といったことは言えません。たくさん合っていた人は勘が優れている人なのかもしれませんが，あまり人間関係に影響はないと思います）。

３．電話やメールなどで，記入用紙の内容をやりとりする場合のすすめ方

　このエクササイズを一緒に行う仲間がその場にいない場合は，電話やメールを使って実習ができます。

〈電話で〉

１）まず相手に，「今，人間関係の中での『思い込み』について勉強していますが，少し協力してくれませんか？」とお願いしてみましょう。

２）「能力開発プラン記入用紙」を用意してください。

３）相手に「これからいくつかの質問をします

ので，思ったとおりに，率直に答えてください」と前置きしてから…。

①「私の『1．得意なこと』は，『見ること』『聴くこと』『話すこと』『触ること』『嗅ぐこと』のどれだと思いますか？」とたずねます。

②次に，相手に「その理由は？」とたずね，選んだ理由を話してもらいます。

③相手が答えたら，自分の「1．得意なこと」を相手に伝え，その理由も話しましょう。

④次に，自分は，相手が「1．得意なこと」をどれだと思っているかとその理由を伝えます。

⑤そして，相手から「1．得意なこと」を伝えてもらい，その理由もたずねてみましょう。

4）以下，同じように「最も大切なこと」「最も強い欲求」について話をしてみます。

5）最後に，2人で気づいたことなどについていろいろと話し合ってみるとよいでしょう。

〈メールで〉

1）まず本題を伝える前に，「今，人間関係の中での『思い込み』について勉強しているので，協力してほしい」というお願いの文章を記載します。

2）「能力開発プラン記入用紙」を用意（質問項目を書き入れたもの）して相手に送り，記入してもらいます（理由もしっかり書いてもらうように伝えます）。

3）記入したら送り返してもらい，どのような理由で合っているか，異なったのかを見ていきます。

4．ふりかえりとわかちあい

エクササイズが終わって，自分や相手がどのような感想をそれぞれ持ったのでしょうか？ここでは，どのような「気づき」や「学び」があったのか，「ふりかえり」をとおして考えみましょう。

1）まず，次のページの「プロセスシート」を一人ひとりに用意（配布）してください。

2）「プロセスシート」にはいくつかの質問があります。今のエクササイズをふりかえり，感じたままを記入してください（"よかった"とか"悪かった"というように評価をするのではなく，感じたことをそのままかざらずに書いてみることが大切です）。

3）全員が記入し終わったら，わかちあいをします。それぞれが「プロセスシート」に書いたエクササイズの中で，気づいたり感じたりしことを基に順番に発表していきます。お互いに自由で開放的な話しができるとよいでしょう。

（1）発表の方法は，「プロセスシート」の質問ごとに，順番に発表していきます。

（2）また，お互いが発表したことについて質問し合ってみてもよいでしょう。

（3）わかちあいが終わったら（グループが複数あれば，各グループから，おおよその話題を発表し合うとよいでしょう），特に，この実習をとおして気づいた事，学んだこと，わかちあいで話し合われていたことに触れながら，学習のねらいに関連させてみましょう。

※変型への示唆

記入用紙には，質問項目が示されていますが1つの例だと捉えてください。質問項目が参加者の状況に馴染みにくいことが予想される場合には，以下に「例えば…」を例示してありますのでこれらから質問項目に選んでみたり，趣味・趣向を勘案して思いつく適切なものを考えてもよいでしょう。時間が許されるのであれば，さらに，質問項目を増やしてもよいでしょう。

例えば…

〈キャリア教育・職場研修などで活用〉

【偶然をキャリアの機会にするスキル】（クルン

ボルツ)
　好奇心　持続性　柔軟性　楽観性　冒険心
【働く動機と価値観】（シャイン）
　責任を持つ・リスクを決断する・他者を支援する・良いキャリアを歩む・その他（　　）
【必要な能力と技能】（シャイン）
　問題の識別・工夫を凝らす・柔軟性がある・自分の誤りを見つける・その他（　　）
【感情の扱いに関する能力と技能】（シャイン）
　決断できる・間違いを認める・利害関係者とやりあう・不確実さに耐える・権力をわかちあう
【キャリア・アンカー】（シャイン）
　技能職　起業家　組織地位　社会貢献　自律　独立　挑戦克服　保障安定　生活家庭

〈一般的な職場研修・専門職の研修などで活用〉
【得意な動作】
　走る　跳ぶ　投げる　受ける　打つ
【得意な能力】
　読む　書く　数える　覚える
【好きな料理】
　和食　洋食　中華　その他（　　）
【好きな季節】
　春　夏　秋　冬

【好きなペット】
　イヌ　ネコ　小鳥　金魚　その他（　　）
【好きな景色】
　夜空　青空　海　地平線　山麓
【思い出の場所】
　公園　空港　駅　学校　その他（　　）
【好きな外国】
　アメリカ　フランス　イタリア　オーストラリア　その他（　　）
【好きな冬のスポーツ】
　スキー　スケート　アイスホッケー　カーリング　その他（　　）

5．コメントと小講義

　取り組みをひととおり終えたら，このエクササイズで学んだことなどに関連する「コメント」や「小講義」を読んで，学習しましょう。なお，次の小講義を紹介しますので参考にするとよいでしょう。

・小講義Ⅲ「フィードバック　～相手の心に伝えるように～」船木幸弘（著）『Off-JTに活用する人間関係づくりトレーニング』(2017，金子書房)
・小講義「自分に"むきあう"」船木幸弘（著）『Off-JTに活用する人間関係づくりトレーニング』(2017，金子書房)
・小講義「"思いこみ"あれこれ」星野欣生（著）『人間関係づくりトレーニング』(2003，金子書房)

「能力開発プラン」記入用紙

質問 (1つの言葉を選ぶ)	メンバー氏名 自分	(1) 藤村 裕子（例）	(2) 山田 次郎（例）	(3)（自分）（例） 小野 剛志	(4)	(5)
1. 得意なこと 見る　聴く 話す　触る 嗅ぐ	 (理由)	 (理由)	 (理由)	 (理由)	 (理由)	 (理由)
2. 最も大切なこと 労働（仕事）余暇（活動） 愛（家庭）学習（教育） 健康	 (理由)	 (理由)	 (理由)	 (理由)	 (理由)	 (理由)
3. 最も強い欲求 愛・所属　力・価値 自由　楽しみ 生存	 (理由)	 (理由)	 (理由)	 (理由)	 (理由)	 (理由)

※この質問項目は1つの例として作成しました。これら以外にも思いつくものがあれば何でもよいので、この記入用紙を使ってみてください。まだ、時間が許されるのであれば質問は趣味・趣向でもよいし、追加してもよいでしょう。

『能力開発プラン』プロセスシート

エクササイズをふりかえりましょう。
感じたままを自分の言葉で，自由に記入してください。

このエクササイズをとおして，
1. 自分について気づいたことは。
 　　（どの点で，どのように etc，自由に）

2. 他のメンバーについて，どのように思いましたか。気づいたこと感じたこと。
 　　（どの点で，どのように）

3. 誤ったイメージ（見立て，第一印象）が人間関係に与える影響について，気づいたこと。

4. その他，気づいたこと，感じたことなどを自由に。

コメント

　このエクササイズでの話し合いは，いかがだったでしょうか？

　私たちは，言葉を交わさなくても，目の前に誰かの姿を見ただけでイメージを持つようです。例えば，黒い服を着ている人がいると，その時着ていた服がたまたま黒だっただけなのに，「この人は黒が好きだ」と思い込むことがあります。また，仲の良い友だちに親切な人がいて，その人がぽっちゃり体型だったりすると，同じような体型の人にたまたま出会った時，その人も親切な人だと決めつけることが，それにあたります。したがって，自分に対するイメージ（印象）や，相手に対して抱くイメージは，先入観もあるので必ずしも一致するとは限らないと踏まえておくほうがよさそうです。

　私たちは他者（ヒト）を認知しようとする時様々な方法をとりますが，この時に持つイメージ（見立て，第一印象）は外的な要素から相手を見ています。さらに，職場，プロジェクト，サークルなどで活動を共にしていたことがあると，いつも忙しそうに見えるから「忙しい人で，話しかけにくい」だとか，周りを気にしないだとか。これらは，自分の目に映った相手の様子（見た目・外見）がこれまでの自分の経験とつながって，勝手にイメージした結果によるものです。

　エクササイズの最中でも気づいた人もいると思いますが，多くの場合，実際と自分が持つイメージ（見立て，第一印象）は"一致しない"ことがあります。このエクササイズはその名称のとおり能力の開発をねらうものでしたが，「"当たっていた"とか"外れていた"」という評価ではなく，偶然だったと捉えたほうがよいでしょう。

　このように実際とは大きく違ったイメージのままでいる状態，これが先入観，固定観念となっていきます。すれ違いや誤解，それ以上の大きな問題も起きるかもしれません。このことについては，次の「小講義」を参考にしてほしいと思います。ここでは，「この人は○○だ」という「見立て，第一印象」で人を判断しないことを覚えておきましょう。

　大切なことは，自分が相手にどのような印象を持っているのか，むしろ「なぜ，相手がそのような印象を持つのか」を相手から聴くことでお互いの関係にどのような影響を与え合っているのか，"自分らしさの幅を広げる"ことができます。したがってまずは，気づくことです。

　以前のような"イメージ"や「自分は正しい」という"バイアス"で見ていた頃とは違って，相手を見る度合いも本当の相手を見る目になるので，大きく違ってくると思います。それがこのエクササイズの大きな「学習の効果」のひとつです。どうでしょうか。少なくとも自分が相手に対して無意識に持ってしまう傾向やバイアス，人間関係に大きく影響する自分が持つイメージなどがあることを意識できて（気づいて）いることが大切だと思います。

小講義Ⅲ　人間の成長メカニズム

■人間的な器と能力・成長

近年の教育界やビジネス界では，知的能力の鍛錬が重要だとされてきました。具体的には「プレゼンテーション・スキル」「ロジカルシンキング・スキル」「問題解決能力」「コミュニケーション・スキル」などです。

しかし，一方で，そのスキルの開発の試みが表面的だとして，人間の「器」の成熟を訴え強調する主張もあります。これは，人としての「器」と「能力」がより高度になることを意味する成人発達理論で用いられる「成長」や「発達」のことで，「垂直的な成長」を指します。これは，どういうことなのでしょうか。

1）成長は垂直的か水平的か

ロバート・キーガン（Kegan, R）教授の理論に詳しい加藤（2016）によると，垂直的な成長は，意識の「器」の拡大，認識の枠組みの変化を表しているのに対し，水平的な成長は，知識やスキルの獲得のようなイメージだということです。つまり，成長と発達は，ダイナミックな人間的成長を成し遂げて活躍することを期待した意味を持っていると考えられます。

2）環境依存か課題依存なのか

私たちの能力は，今いる環境などの特定の状況の中で磨かれ，発揮できるようになります。この能力はひとりの努力で身につくものではなく，自分を取り巻く他者の支えや文化・環境の恩恵を得て育まれ，その能力の種類とレベルは，今いる状況に応じて変化する特徴があります（環境依存性）。したがって，課題の種類や性質が変わると，発揮する能力の種類や能力のレベルも変わることになります（課題依存性）。これは，これまで経験してきたようなプロジェクトの遂行と，これまで経験したことがないプロジェクトの遂行では，求められる能力のレベルが違うことを意味します。つまり，自分が能力を向上させたい場合には，その能力に紐づく課題を具体的にした取り組みが必要になることがわかります。

3）能力の質的な成長と量的な成長

私たちの成長に不可欠なのが，能力の構造の複雑性が増大していく能力の質的な成長と，ひとつ1つの能力が結びついて構築されるネットワークが徐々に拡大していく能力の量的な成長という両者です（加藤，2016）。能力が質的に成長するとは，1つの能力が「点・線・面・立体」の成長サイクルを経て成長していくことで，能力が量的に成長するというのは，1つひとつの能力を構成するネットワークが縦と横に拡大していくことです。

この「ダイナミック・スキルの理論（カート・フィッシャー）」によると，能力の成長に関する理論のない実践や支援は，ほとんど効果がなく，時に害もあるということです。また，能力開発に重要なことは，能力の成長プロセスとメカニズムを理解しながら，継続的に実践に励んでいくことが重要だということです。

■人間の能力の3つの領域

人間の能力には「最適レベル」「機能レベル」「発達範囲」という3つの領域があります（図5-4）。「最適レベル」は，他者や環境の支援があると発揮できる「自分が持つ最も高度な能力レベル」のこと，「機能レベル」は，環境や他者の支援がなくても発揮できる「自分が持つ最も高度な能力レベル」のことです。この「最

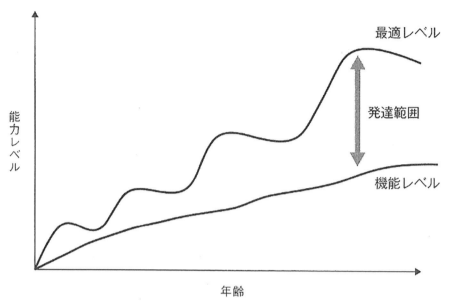

図 5-4 「人間の能力の3つの領域」
出展：加藤（2017）．『成人発達理論による能力の成長』(p.82) 日本能率マネジメントセンター

適レベル」と「機能レベル」の間にあるギャップが「発達範囲」という領域です（カート・フィッシャー，加藤，2016）。

「発達範囲」とは，他者から支援があった場合に，ひとりではできないことが成し遂げられることに変わる領域を指します。ひとりではできないことがあるのが人間ですが，重要なのは，他者と協働し，他者から支援を得て初めて成し遂げられることがあるということ，他者からの支援を受けること，他者を支援することの大切さを学んでいることです。

■能力成長のメカニズム

1）5つの成長法則の概略

私たちの能力は，次の「5つの法則」を組み合わせながら成長します。この法則を理解すると，これまであいまいだった能力の成長メカニズムがクリアになって，能力発揮の際に，自分がどの法則を活用すればよいのかがわかるようになります。

①統合化

今自分が持っている複数の能力が結びつき，現在の能力レベルから新たなレベルへ移行することが「統合化」です。この「統合化」は，能力の「質的成長」を意味していて「垂直的成長」のことを指しています。

②複合化

今自分が持っている複数の能力が現在のレベルの中で組み合わさって，より高度な能力になることを「複合化」と呼びます。この「複合化」は，能力の「量的成長」を意味していて「水平的成長」のことを指しています。

③焦点化

ある課題をこなすために必要な能力を，即座に選び抜くことを可能にすることを指しています。

④代用化

ある状況や課題を通じて身についた能力を，他の状況や課題に応用できることを可能にすることを指しています。

⑤差異化

ある能力がより細かな能力に分割される際に見られることを指しています。

統合化と複合化は，似たような特徴があって，

両者はともに，今自分が持っている複数の能力が結びつき，より複雑高度な能力が生み出される点では同じです。統合化は能力の「垂直的な成長」「質的」な成長を説明し，複合化は能力の「水平的な成長」「量的」な成長を説明しています。

2）能力の成長要因

人間の成長に必要なのは，実態の伴った関与と実態の伴った支援です。そのために不可欠なのが「有機体要因」と「環境要因」です。また，能力のレベルは，人が長大な時間と努力を積み重ねた末に獲得する能力の「高さ」や「深み」を指し，個性だといえます。

有機体要因：ある能力が次のレベルに到達するためには，基礎的な土台となる能力を備えておかなければなりません。まずは，高度な能力を獲得する前よりも先に，「点」としての能力を確固たるものにする必要があります。能力を開発する際には，急激に能力を高めようとするのではなく，まずは土台としての能力を形成し，そこから徐々に「点・線・面・立体」の成長サイクルを回していくことが大切です。

環境要因：ある能力が成長をとげるためには，新しいレベルの能力が発揮される環境が整っていなければなりません。まさに，置かれている環境に立脚したものであるために，その能力が発揮できないような環境であれば，能力の成長は起こりません。また，ある能力が成長を遂げるためには，新しいレベルの能力を発揮するためにふさわしい適切な課題が無ければ，新たな能力レベルに到達することができません。

3）5つの能力階層

私たちの能力は5つの階層構造を経て成長し，13のレベルが存在していることをカート・フィッシャーが発見しました。ここでは，私たちの能力は高度化し，複雑な現象にも随時に対処できるようになることを示した5つの階層構造について説明します。

①反射階層
最も基礎的なものであり，幼児が目の前の積み木を見て口に入れてしまうような無意識的な反応を意味します。

②感覚運動階層
言葉を用いることなく，身体的な動作を生み出す特徴を持っています。成人においても，この能力を日々の生活の中で頻繁に活用します。

③表象階層
個別具体的なものが目の前に無くても，言葉によってそれをイメージすることを可能にします。

④抽象階層
目には見えない抽象的な事柄を言葉によって扱うことを可能にします。

⑤原理階層
抽象的な様々な概念をさらに高度な概念や理論にまとめ上げて発揮することを可能にします。この能力の発揮レベルに至る人は極めて稀だと考えられています。

4）成長のための環境と課題

私たちが成長するためには，実社会に関与し，社会の中で実態の伴った具体的な実践が必要です。個人がさらに自分の成長を望むのであれば，社会という環境に積極的に関与し，その中で具体的な課題に従事することで，「点」としての能力を確固たるものにしていく必要があります。

そして，組織や社会が構成員の成長に期待するのなら，適切な環境を整備・提供することや，適切な課題を常に用意しておくべきでしょう。このことは，私たち人間の成長が，必ず実体の伴ったものであり，実態が伴っていなければならない，という考えからもいえることです。

加藤（2017）は成人発達理論を説明する中で「成長という概念が実体のないものとして蔓延している」と，現状に対する懸念を示しています。個人としては，社会に参画して実践するこ

表 5-1　成長につながるリフレクション「抽象的概念化」

成長の サイクル	解説	手順 1．	手順 2．
点	体験や学びの本質を自分の言葉にする。	この体験から得た「最大の学びは何か？」	経験の本質を自分なりの言葉で「書く・話す」
線	複数の経験の本質を関連づけて繋げる。	複数の経験の「本質（共通点・相違点）は何か？」	本質を関連づけて活用事例・応用方法を「考える」
面	複数の経験を束ねた持論をつくる。	複数の「学びを包括するような持論はどうか？」	仮説を検証する中で自分なりの理論を「つくる」
立体	持論を組み合わせて一段高い次元にする。	どのような持論が「一段高い次元なのか？」	仮説形成を経て，一段高い次元の持論を「つくる」

加藤（2017）．「リフレクション（内省）の落とし穴と有効活用法」『成人発達理論による能力の成長』（pp.284-286 日本能率協会マネジメントセンター）を参考に作成

とがなければ，「点」としての能力を獲得することはできません。また，組織や社会として，構成員の成長を支援する環境や課題の提供を放棄しているのならば，彼らの成長はどうなるのでしょうか。

■成長につながるリフレクション

「リフレクション」を行う大きな目的は，自分のさらなる成長です。リフレクションの実践は，人間の器の成長や能力の成長と密接に関わっていて，能力開発において極めて重要な人財育成現場のカギであるとされています。それは，リフレクションが自分の体験や経験をふりかえり，そこに自分なりの意味づけを行い，新たな行動指針や考え方をカタチにしていく実践だからです。リフレクションの肝（キモ）は，自分の経験に自分なりの新たな言葉を与えることです（加藤，2017）。

成長につながるリフレクションは，自分の経験を言葉で「点・線・面・立体」を生み出します。また，抽象的概念化は，自分の経験を，自分の言葉で「点・線・面・立体」として捉えていくことです。内省的観察（リフレクション）だけをしていても，能力は高まらないことに注意して，自分独自の経験に対して自分の言葉を紡ぎ出すことが大切です。

そこで，リフレクションの実践で最も重要な「抽象的概念化」の考え方を整理した「リフレクション（内省）の落とし穴と有効活用法」（加藤，2017）を参考に表 5-1 を作成しました。

例えば，ある体験をふりかえり「この体験から得た最大の学びは何か？」という問いを自分に向けて，その問いに自分の言葉で書く・話すこと，この行為が，1 つの「点」を抽出したこと，つまり，体験から見出した学びの本質を意味します。

次に，複数の体験の異なる本質を自分の言葉で繋げて「線」を作っていきます。この 2 つの体験から最大の学びや気づきが生まれだした後に，2 つの共通点や相違点を考えることが，2 つの本質の関連づけとなり，「点」と「点」をつなげて「線」にすることになります。

続いて，自分の中で複数の経験を束ねるような理論という「面」を作ります。2 つ以上の経験から最大の学びを抜き出して，それらの共通点や相違点を踏まえた後に，それらの包括的学びから「持論」を形成することが「線」と「線」をつないだ「面」を意味します。

そして，複数の持論を組み合わせ，さらに一段高い次元の持論を作るという，抽象的概念化による「立体」を作ります。または，1 つの用語の本質から，仮説の形成を経て 1 つの持論を生み出して，別の持論と組み合わせて，一段高い理論を自分の中で作り上げていくことが「立

体」を意味します。

　成長につながるリフレクションは，自分の経験を言葉で抽象的概念化することです。自分の経験が言葉で抽象化され「点・線・面・立体」を生み出すことによって，再現性のある持論が形成され，経験が「深化」します。

■教育者の「価値」とフィードバック

　p.89「小講義Ⅱ　学習のステップとリフレクション」の「ふりかえり（プロセス・タイム）」による成長で説明していることを，ここでは成人発達理論から解説したので，この本で活用するメソッドの効果を理解していただけたと思います。

　多くの学校や大学では実習が上手くいかないことが多々あるようです。それは，目的や目標を定めず，どのような能力を伸ばしたいのかをあまり学習者に自覚させないままスキルの向上に励ませるからだと考えられます。そうであるならば，導入のタイミングが早過ぎるということであり，往々にして先を急ぎ過ぎていると考えられるでしょう。

　学習の目的は，「情報を統合して意味を形成すること」です（Boser, 2017 月谷訳, 2018）。また，フィードバックの効果は教師の適切なフィードバックにより目標の水準に達成できる（長沼・森本, 2015）ことです。したがってフィードバックが最大の効果を上げたといえる時は，学習者が新しい推論法を獲得した時，あるテーマについての考え方が変化した時です。私たちの学習は「思考」を変えるためであり，思考の「技」を磨くために学習していくのです。これが学習の本質，知識の本質であって，教育者の「価値」は，的を絞ったフィードバック，外部からの判断をしてくれる他者であることだといえるでしょう。

気づきの明確化シート──みとおす──

1．この章のエクササイズを終えて，気づいたこと感じたことを，思いつくまま記入（箇条書き）しましょう。

2．そのような事柄に影響したと考えられることで，思いつくことがあればいくつか記入しましょう。

3．これからもう少し大切にしていきたいと思うことがあれば，記入しましょう。

4．「みとおす」ということについて，気づいたこと，感じたことは。

5．その他，気づいたこと，感じたことを自由に記入しましょう。

6 特別講義

地域創生における人間関係づくりトレーニングの重要性

1．世界と日本の現状と課題

我が国の地域では，新型コロナ禍，少子高齢化，経済のグローバル化，国内需要の不足，特に若年層の流出などが急速に進み，自治体経営，地方財政や地場産業が厳しい状況にある。世界的に取り組むべき，地球温暖化やCO_2の削減なども歯止めがない状況の中，国や地域を超えて，安心・安全な地域社会の実現，持続可能な世界を実現するため，SDGs「Sustainable Development Goals（持続可能な開発目標）」の17ゴール・169ターゲットの積極的な取り組みが求められる。また，使用していない所有物などを有効に利活用する地域ビジネスの動きが活発化している。

2．地域創生の成功の方程式

地域創生の重要ポイントは，私の著書『地域創生 成功の方程式』で示した，（1）実学・現場重視の視点，（2）全体最適思考，（3）民間参画（民でできることは民で！・産学官金公民連携）である。

今，想えば，私は学生時代に「まちを元気にしたい。活気を取り戻したい」と熱い夢・志で実学・現場重視の師匠に弟子入りし，ともに地域の現場を歩き，見聞・対話し，自ら地域創生の実現に向け，次の仮説を立てた。（1）産業・歴史・文化を徹底的に掘り起こし，よく研き，キラリと輝く世界発信する「まち育て」，（2）未来を担う子どもたちに愛着心を育む「ひと育て」の実践である。地域特性，希少性を創発し，日本一を目指した。

現在は，ストーリー（物語）戦略を念頭に置き，五感（感動・四季）分析から，地場の基幹産業分析（付加価値額ランキング）と「六育（知育・食育・木育・遊育・健育・職育）」との関連づけ，タイミング・パワー・バランス・スピード感を持ち，地場産業を発展させる起業と企業誘致の実現，そして，ひとネットワーク構築と強化の実践中である。

3．地域創生における全体最適化

私のこれまでの40年間では，全国の1,000超の自治体，地域現場や海外都市を回り，地域創生に関する講演・現地アドバイス，自治体経営や主要な政策立案とその実践に関わった。今，依頼を受けて，その現状・現場を観るに，キーパーソンらが地域創生に熱心に取り組むも，いまだに部分・個別最適な予算編成や事業展開にあることが実に残念である。まち全体の底上げ，いわゆる地域の「全体最適化」には至っていないのだ。最適化とは，最も良い状況の創発である。

地域創生が進まないと苛立ちもみえるが，行動しない方が安全，少しずつ変化を受け入れたいという「脳の可塑性」を踏まえ，分かりやすく説明し，納得・理解を得て，一歩ずつ着実に推進したいところである。複数の課題を解決するアイデアを生むインクルージョン思考の実践も必要となろう。

4．持続可能な地域社会の実現

　国や地方政治では，支持者の獲得が最優先されるため，首長・議員らはリーダーシップを充分に発揮できない状況にある。持続可能な地域社会の実現には，キーパーソンとひとネットワークの構築と，今までの経営手法，諸制度，システムや仕組みを見直し，現場の声をよく聴き，的を射た改善が必要となる。

　いかにして，地域の意識改革を進めるのか。「地域を変えるチカラとは何か？」。地域には，これまでも，そして，これからも自ら真心，「恕」と志を持ち暮らす人，定住者が大切だ。自ら知り気づきの機会となる，地域で汗する人々が登場する台本，脚本の作成とストーリー（物語）戦略が重要である。地場企業における事業承継も同戦略が必要なのである。

5．全員参加型の運営が必須

　会議等の参加者には，ひとの話はよく聴く，批判はしない，話はシンプルにするなどの約束事を確認のうえ，全員に三度以上の発言を習慣にしたい。また，機会を設け，関係者以外の声を聴くこと，広聴・傾聴・対話も重要である。もちろん，理念，目的・目標・使命の明確化，指標（ものさし）や期限（時間）が必要だ。まさに「人間関係づくりトレーニング」による棚卸しが効果的である。地域創生では，自己分析（強み・弱み），自分史年表（テンション，外発的・内発的モチベーション度合い）の作成からスタートする。同様に，まち分析，まちの歴史年表の作成をしてみる。ここで注意が必要なのが，強み・弱みを洗い出した時に，全ての弱みを強みにしたいと思うも，時間がない。どの強みをより強くし，どの弱みを強みにするのか，重要度と緊急度による実践事業（取り組み）の順番の確認が必要となる。

6．ひとの行動原理

　人は自ら知り気づき，納得・理解してから行動に移す。知り気づきは知識であり，その実践により知識が「知恵」に変わる。地域創生は，一体感を持った全員野球である，理念，目的・目標・使命の明確化と対象者への丁寧な説明により，説得ではなく納得・理解を得て，輪を広げることが最重要となる。例えば，インバスケット思考からプロセス重視，流れを確認しよう。その場合，問題発見（課題整理）→仮説→情報収集→政策立案→調整→政策決定→実践行動となる。この間，できる限り，多くの声を聴く仕組み，納得・理解を得る創意工夫，目配り・気配り・心配りと，広聴・傾聴・対話の一連の場づくりが重要となる。

7．人間関係づくりトレーニング

　調整段階に必要なのは，師匠，真のパートナー・ブレーンである。人脈ネットワーク図の見える化（作成）による確認作業がいる。人脈形成は，偶然ではなく必然で発掘することだ。また，常に四分割表で考え，根拠のない思い込み（錯覚の科学）であってはならない。いわゆる人間関係づくりトレーニングのアサーション（自他尊重の自己表現）による効果的なコミュニケーションが重要である。地域で汗する実践者やキーパーソンには，ぜひ登場いただきつつ，次世代を担う若者や子どもたちの愛着心を育みたい。地元の小中高の教員の参加・協力も欠かせない。一度の人生は常に本番でやり直しはない。時流を詠み，観察力と洞察力，プレゼン力，引き出し力を研き，人生の転機は点検表により，「ふりかえり」，常に「WHY SO?」「SO WHAT?」の繰り返しが重要である。

8．日本地域創生学会の動向

　本業とは，仕事（work）と人生（lifework）である。「人間関係づくりトレーニング」では，チームやグループで事業展開する場合，「構成メンバーがお互いにどのように影響を与え合っているのか？」など，リーダーシップとフォロワーシップの関連を体感できる。働き方改革，

職場環境の改善，チェックリストでの確認作業は，自らの知り気づきの機会から実践行動へと進む。

2017年8月，日本地域創生学会は産学官金公民が連携し，地域資源を利活用のうえ，徹底的に研き，事業構想の策定とその実現を目的に発足した。「あなたはどの分野の何をどこまで明らかに，どこから次世代へ引き継ぐのか？」実学・現場重視，全体最適思考や，「五感六育®」の事業構想力を活かし，5部会・3支部にて全国各地で実践中である。行政学，経営学，財政学，地域経済学や，フランスが少子化を解決する政策策定となった歴史人口学など，地域創生に関する理論を駆使し，よこ串を入れる実践現場の中で「実学」の構築を目指す。このプロセスからの信頼感ある実践派の地域人財の養成がますます重要となる。特に，（仮称）地域創生士の養成などを目指し，大学・大学院の講義や地域での取り組みに，「人間関係づくりトレーニング」のプログラムを導入したい。

9．さいごに

「地域創生の本質とは？」それは地域創生の真のリーダー・プロデューサー人財の養成と定着，地域が自ら考え，「五感六育®」などの事業構想を次世代のために，ストーリー（物語）戦略を基に，自ら熱く実践することである。そのためにも，本書のエクササイズを繰り返し実践することが重要であり，有益だといえよう。

今，「地域創生の現場で求められる重要ポイント」とは何であるだろうか？ 地域創生は，「部分・個別最適化」を実践する，これまでの思考では，部分・個別なものとなるため，持続性に乏しいといえる。下記の「レジュメ」は，「できない」を「できる！」に変える，全体最適思考による，実学・実践術であり，地域創生を実現する「ヒント」を先行研究とこれまでの自らの実学研究による知見を厳選し，まとめたものである。

「木村流『できない』を『できる！』に変える実学・実践術」レジュメ

(1) 地域創生の本質
　①実学・現場重視の視点，②全体最適思考，③民間参画（民でできることは民で！・産官学金公民連携）
　※タイミング，スピード，パワー，バランス，ひとネットワーク

(2) 地域創生の実践行動
　①リーダー・プロデューサー人財塾の開塾・「（仮称）地域創生士の養成」，②「五感六育®」の事業構想と実現，③仕事の整理・仕事環境の改善（ソフト・ハード，モチベーション）
　※「五感六育®」とは木村の造語—六育（知育・木育・食育・遊育・健育・職育）のこと
　※ひとを動かすのは理論より実践—姓名，声掛け，対話，質問，笑顔，アイコンタクト，フォロー，忍耐

(3) 地域創生の実学 5原則
　①理念，目的・目標・使命の明確化（社会貢献力），②希少性・独創性・創造性・創発性，③事業構想力，④実学・現場重視の調査・研究，実践（検証）の徹底，⑤情報公開・発信

(4) 地元の「ひと」と組織が輝くために
　①ミッション（社会貢献），②ビジョン（共通価値の創造），③バリュー（分かち合い），④コンテンツ（中身），⑤プロセス（ストーリー・物語）

(5) 地域創生 成功の方程式
　①五感（感動・四季）分析，②地場の基幹産業（付加価値額ランキング）分析，③「五感六育®」の事業構想と実践（バランスよい産業構造の構築）
　※指標（ものさし）の設定
　※「できない」を「できる！」に変える，自分たちの力でできるまちおこし

(6) リーダーの類型—組織のイノベーション—
　"増幅型（最高）リーダー"は「ひと」を"育む"，"消耗型（最低）リーダー"は"使う"，
　増幅型リーダーは掛け算・成長思考，消耗型リーダーは足し算・固定思考
　【増幅型リーダー】
　①失敗の対応—原因を一緒に探す，②方向性—常に挑戦させる，③意思決定—よく相談する，④物事の実行—支える
　【消耗型リーダー】

①失敗の対応─常に責める，②方向性─命令する，③意思決定─自ら決定，④物事の実行─支配する，上から目線（常に説得）
　※消耗型リーダーは自分の立場に全く気づかない！
⑺職場の5つのタイプ
　①批判的な人，②協調的な人，③客観的な人，④ムードメーカー，⑤自己抑制が強い人
　※苦手意識を持たないこと（原因解明）
⑻課題解決のメソッド
　①全体最適思考による「ひと・もの・こと」の再考，②優先・劣後順位　順番の明確化，③ものを観る視点を変える
　※講義・対話・観察・実践による拡大（分かりやすさ）
　※全体最適なストーリー（物語）を創発，自分独自の観察法（顔色・声・表情）を研く
⑼PDCAの実践
　①Plan（計画）・Do（実行）・Check（確認）・Action（改善）
⑽インバスケット思考
　①限りある時間の中，処理しきれない仕事が多々ある状態で成果を出す仕事の進め方や判断方法
　②プロセス重視　問題発見→仮説→情報取集→政策立案（2案以上）→調整→意思決定→実践行動
⑾バックキャスト思考
　①持続可能な目標となる社会の姿を創造し，その姿から現在を振り返り，今，何をすべきかを考えるもの，
　②トップが期待するのは「革新」。経験や過去の分析から現在の課題を解決する「フォアキャスト思考」では難しい
⑿リーダーの失敗学
　①超プラス思考（くよくよ悩まない），②失敗を隠さない，③失敗から学んだことを共有
⒀課題解決の秘訣
　①障害の事象は何か，②事象の調査分析，整理（グルーピング），③真のテーマ，最優先事項を決定，④Why so? So what? 最低5回繰り返す，⑤課題解決策を思考，
　⑥アクションプランを決定（シンプル・行動・連携・期限（時間））
⒁会議のルール
　①30分会議の実践，②会議では主に「失敗談」を話す，③調整・根回し力（組織内のパワーバランス），④賛成者と中間者，⑤立ち話の効果
⒂師匠の師
　①キーパーソンのブレーン，②口癖（でも，しかし）に注意し，ひとの話をよく聴く，③前向き，生産的な発言，④喋り過ぎず，疑問点を聴く，⑤不用意に敵を作らない，⑥対話，⑦結果とプロセス重視
⒃仕事は「好き，楽しい，面白い」の創発
　①思い込みは捨てる，②自分に制限しない，③自分の課題（やるべきこと）を明確に持つ，④仕事をシンプルにする，⑤新しいチャレンジの連続，⑥行動しない時期，⑦「レジリエンス」
　※真のパートナー・ブレーン，ヒューマンスキルの再点検（配慮・感謝の言葉）
⒄アイデアの企画力
　①ゼロから生み出そうとしない，②平凡なアイデアを進化させる，③既存アイデアの組み合わせ，④オズボーンのチェックリスト─9つの質問（発散発想技法）
　　（a. 他の使い道，b. 他に似たもの，c. 変更，d. 大きく，e. 小さく，f. 置き換え，g. 配置・並び替え，h. 逆に，i. 組み合わせ），⑤場所を変えてみる，⑥ブレーンストーミング4鉄則＋One（質より量，自由奔放，批判禁止，統合改善，自己規制禁止），⑦アイデアを再考
⒅コンディションを常に万全に保つ（心身一如）
　①休息，栄養（摂取基準），運動，②睡眠時間の確保，③コアタイムと見直し時間
⒆地域創生SDGsの実践
　①地域の新たなコミュニティ拠点の形成（防災減災・物流・情報・省エネルギー）
　②防災対応・省エネモデルの構築（医療・福祉・介護施設等）
　③ストーリー（物語）戦略・事業構築・人財養成と定着を創発する「五感六育®」映画の制作
　④職場環境の改善モデル（疲労医学）の構築，地域創生型コワーキングスペースの運営
　⑤地域プロデューサー人財養成・定着プログラムの実施（人間関係づくり・事業構想・ネットワーク構築）
　⑥地場産業振興・起業・企業誘致のあり方，事業承継の調査分析・実践（論文・書籍出版）
　⑦日本地域創生学会の展開（国内外での地域創生事業の実践・産官学金公民連携・（仮称）地域創生士の養成）
　⑧オンラインサロン木村塾＝地域創生「木村塾」の開塾（2019年6月スタート）
⒇あなたはどの分野の何をどこまで明らかにし，どこから次世代へ引き継ぎ，進化させるのか

引用・参考文献

第1章

Eurich, T. (2017). *Insight: Why We're Not as Self-Aware as We Think, and How Seeing Ourselves Clearly Helps Us Succeed at Work and in Life*. Crown Business.
　（ユーリック，T. 中竹 竜二（監訳）樋口 武志（訳）．Insight ── いまの自分を正しく知り，仕事と人生を劇的に変える自己認識の力 ──（pp.100-101, 178）英治出版）
Heifetz, R. A. (1998). *Leadership Without Easy Answers*. HARVARD University Press.
　（ハイフェッツ，R. A. 幸田 シャーミン（訳）(1996)．リーダーシップとは何か！　産能大学出版部）
星野 欣生（2007）．職場の人間関係づくりトレーニング　金子書房
星野 欣生（監）船木 幸弘（著）(2017)．Off-JTに活用する人間関係づくりトレーニング（pp. 9 -10）金子書房
Schein, E. H. (1999). *Process Consultation Revisited: Building the Helping Relationship*. FT Press.
　（エドガー，H. シャイン．稲葉 元吉・尾川 丈一（訳）(2002)．プロセス・コンサルテーション ── 援助関係を築くこと ──（pp.121-137）白桃書房）
Schein, E. H. (2009). *HELPING How to Offer, Give, and Receive Help*. Berrett-Koehler Publishers.
　（エドガー，H. シャイン．金井 真弓（訳）金井 壽宏（監訳）(2009)．人を助けるとはどういうことか ── 本当の「協力関係」をつくる7つの原則 ──（pp.170-180）英治出版）
立野 了嗣（2017）．「経験代謝」によるキャリアカウンセリング ── 自己を見つめ，学びを得る力 ──（pp.14-28）晃洋書房

第2章

平木 典子（1993）．アサーション・トレーニング ── さわやかな〈自己表現〉のために ── 日本・精神技術研究所
平木 典子（2007）．図解 自分の気持ちをきちんと〈伝える〉技術　PHP研究所
平木 典子（2009）．改訂版 アサーション・トレーニング ── さわやかな〈自己表現〉のために ── 日本・精神技術研究所
星野 欣生（2003）．人間関係づくりトレーニング　金子書房
星野 欣生（監）船木 幸弘（著）(2017)．Off-JTに活用する人間関係づくりトレーニング　金子書房
山崎 京子・平林 正樹（2018）．未来を拓くキャリア・デザイン講座　中央経済社

第3章

萩原 俊彦（2013）．ワーク10 反駁（反論）による不合理な信念の修正　安達 智子・下村 英雄（編著），キャリア・コンストラクション ワークブック ── 不確かな時代を生き抜くためのキャリア心理学 ──（pp.90-91）金子書房
平木 典子（1993）．アサーション・トレーニング ── さわやかな〈自己表現〉のために ── 日本・精神技術研究所
平木 典子（2009）．改訂版 アサーション・トレーニング ── さわやかな〈自己表現〉のために ── 日本・精神技術研究所
木村 周（2017）．キャリアコンサルティング 理論と実際　4訂版 ── カウンセリング，ガイダンス，コンサルティングの一体化を目指して ──（pp.46-48）人雇用問題研究会
國分 康孝（1991）．〈自己発見〉の心理学（p.35）講談社
岡野 守也（2008）．いやな気分の整理学 論理療法のすすめ（pp.34-40, 70-94）NHK出版
内田 恵理子（2008）．論理療法のアプリケーション　國分 康孝（監修）カウンセリング心理学事典（pp.178-180）誠信書房

第4章

安達 智子（2013）．人生は多重役割　安達 智子・下村 英雄（編著），キャリア・コンストラクション ワークブック ── 不確かな時代を生き抜くためのキャリア心理学 ──（pp.98-104）金子書房
荒川 一彦（2014）．キャリア発達の基本的考え方 ── ライフキャリア，ライフロール ── 大宮 登（監）理論と実践で自己決定力を伸ばす キャリアデザイン講座 第2版（pp.39-40）日経BP社

新目 真紀（2016）．シュロスバーグのキャリア理論　職業相談場面におけるキャリア理論及びカウンセリング理論の活用・普及に関する文献調査　労働政策研究・研修機構 JILPT 資料シリーズ, *165*, 73-78.

Bridges, W. (2004). *TRANSITIONS* 2ND ED (*Transitions: Making Sense of Life's Changes,* 2nd Edition). Da Capo Press.
（ブリッジズ，W．倉光 修・小林 哲郎（訳）（2014）．トランジション —— 人生の転機を活かすために —— （p.17, 24, 35, 42）パンローリング）

Krumboltz, J.D. (1994). Improving career development thery from a social learning perspective. In M. L. Svickas and R. W. Lent (Eds.), *Convergence in career development theories* [pp.9-32]. Palo Alto, CA: Consulting Psychologists Press.

Levinson, D.J. (1978). *The seasons of a man's life*. New York: Random House. 南 博（訳）（1992）．ライフサイクルの心理学（上・下）．講談社学術文庫

Bronfenbrenner, U. (1979). *The Ecology of Human Development: Experiments by Nature and Design*. Harvad University Press.
（ブロンフェンブレンナー，U．磯貝 芳郎・福富 譲（訳）（1996）．人間発達の生態学　川島書店）

エレン・ピエール・クック（2013）．役割特徴と多重役割：ジェンダーの視点から　全米キャリア発達学会（著）仙﨑 武・下村 英雄（編訳）．D・E・スーパーの生涯と理論 —— キャリアガイダンス・カウンセリングの世界的泰斗のすべて ——（pp.126-130）図書文化

Hansen, L. S. (1997). *Integrative Life Planning: Critical Tasks for Career Development and Changing Life Patterns*. Jossey-Bass.
（サニー・S・ハンセン．平木 典子・今野 龍志・平 和俊・横山 哲夫（監訳）乙須 敏紀（訳）（2013）．キャリア開発と統合的ライフ・プランニング —— 不確実な今を生きる6つの重要課題 —— 福村出版）

星野 欣生（2003）．人間関係づくりトレーニング（pp.34-36）金子書房

星野 欣生（監）船木 幸弘（著）（2017）．Off-JT に活用する人間関係づくりトレーニング（pp.130-131）金子書房

ジョアン ハリス - ボールズビー・原 恵子・日本マンパワーCDA研究会（2017）．ナンシー・K・シュロスバーグの理論　キャリアコンサルト養成講座 TEXT 3 キャリアカウンセリングに関する理論（pp.54-60）日本マンパワー

ジョアンハリス・ボールズビー　日本マンパワーCDA研究会（2017）．ドナルド・E・スーパーの理論　キャリアコンサルタント養成講座 TEXT 3 キャリアカウンセリングに関する理論（pp.16-21）

ジョアン ハリス - ボールズビー・日本マンパワーCDA研究会（2017）．L・サニー・ハンセンの理論　キャリアコンサルト養成講座 TEXT3 キャリアカウンセリングに関する理論（pp.69-77）日本マンパワー

木村 周（2017）．キャリアコンサルティング理論と実際　4訂版 —— カウンセリング，ガイダンス，コンサルティングの一体化を目指して ——（pp.23-38）雇用問題研究会

厚生労働省（2011）．キャリア・コンサルティング技法等に関する調査研究報告書「従業員の主体的なキャリア形成を支援するために —— キャリア・コンサルティングマニュアル ——」

McRaney, D. (2011). *You Are Not So Smart: Why You Have Too Many Friends on Facebook, Why Your Memory Is Mostly Fiction, and 46 Other Ways You're Deluding Yourself*. Gotham.
（マクレイニー，D．安原 和見（訳）（2014）．思考のトラップ —— 脳があなたをダマす48のやり方 —— 二見書房）

松本 卓三・熊谷 信順（編）職業・人事心理学（pp.42-45）ナカニシヤ出版

ナンシー・K・シュロスバーグ，武田 圭太・立野 了嗣（監訳）（2000）．「選職社会」転機を活かせ —— 自己分析手法と転機成功事例33 —— 日本マンパワー出版

二村 英幸（2015）．サイクルという捉え方　改訂増補版　個と組織を生かすキャリア発達の心理学 —— 自律支援の人材マネジメント論 ——（pp.5-9）金子書房

二村 英幸（2015）．アイデンティティの発達　改訂増補版　個と組織を生かすキャリア発達の心理学 —— 自律支援の人材マネジメント論 ——（p.35）金子書房

労働政策研究・研修機構（2016）．シュロスバーグのキャリア理論　職業相談場面におけるキャリア理論及びカウンセリング理論の活用・普及に関する文献調査（p.77）

Schlossberg, N. K. (1989). *Overwhelmed: Coping with life's ups downs*. Lexington, KY: Lexington Press.（武田圭太，立野了嗣訳（2000）『「選職社会」転機を活かせ』日本マンパワー出版）

Super, D. E. (1976). *Career education and the meaning of work.* Washington, DC: Office of Education.

Super, D. E. (1994). *The Career Development Quarterly 9 /1994 From vocational guidance to carer counseling.*
（全米キャリア発達学会．仙﨑 武・下村 英雄（編訳）（2013）．D・E・スーパーの生涯と理論 —— キャリアガイダンス・カウンセリングの世界的泰斗のすべて ——（pp.126-42）図書文化

杉山　崇・馬場　洋介・原　恵子・松本　祥太郎（2018）．コラム1　豊かなキャリアの道標，ハンセンの4つの要素と6つの課題　キャリア心理学ライフデザイン・ワークブック（p.25）ナカニシヤ出版

杉山　崇・馬場　洋介・原　恵子・松本　祥太郎（2018）．コラム4　キャリア心理学ライフデザイン・ワークブック（p.75）ナカニシヤ出版

杉山　崇・馬場　洋介・原　恵子・松本　祥太郎（2018）．ライフ―キャリア・レインボー・ライフロール：私の役割は何？　キャリア心理学ライフデザイン・ワークブック（pp.73-75）ナカニシヤ出版

S. ケンプ／J. ウィタカー・／E. トレーシー（著）横山　穣・北島　英治・久保　美紀・湯浅　典人・石河　久美子（訳）（2000）．人―環境のソーシャルワーク実践 ―― 対人援助の社会生態学 ――（pp.73-74）川島書店

山崎　京子（2018）．未来を拓く　キャリア・デザイン講座（pp.151-152）中央経済社

第5章

Boser, U. (2017). *Learn Better: Mastering the Skills for Success in Life, Business, and School, or How to Become an Expert in Just About Anything*. Rodale Books.
　（ボーザー，U．月谷　真紀（訳）（2018）．Learn Better ―― 頭の使い方が変わり，学びが深まる6つのステップ ――（p.15, pp.25-30, 138-155, 327）英治出版）

船木　幸弘（2017）．きめる　感覚や感情に左右されずに判断する　星野　欣生（監）Off-JTに活用する人間関係づくりトレーニング（pp.130-131）金子書房

船木　幸弘（2017）．小講義学習の動機づけ　星野　欣生（監）Off-JTに活用する人間関係づくりトレーニング（pp.22-24）金子書房

星野　欣生（2001）．「価値観と人間関係」009個人の気づき　Creative Human Relations（pp.45-46）プレスタイム

星野　欣生（2003）．エクササイズⅡ「第一印象」人間関係づくりトレーニング（pp.34-36）金子書房

星野　欣生（2003）．好き嫌い　人間関係づくりトレーニング（pp.17-19）金子書房

星野　欣生（2007）．小講義Ⅱ「体験学習について」職場の人間関係づくりトレーニング（pp.142-143）金子書房

加藤　洋平（2016）．垂直的な成長と水平的な成長　なぜ部下とうまくいかないのか「自他変革」の発達心理学（pp.177-181）日本能率協会マネジメントセンター

加藤　洋平（2017）．成人発達理論による能力の成長　ダイナミックスキル理論の実践的活用法（pp.46-62, 81-85, 110-116, 145-151, 279-286）日本能率協会マネジメントセンター

間宮　基文（2013）．小講義　体験学習における「ふりかえり」とは　津村　俊充・星野　欣生（編）人間関係づくりファシリテーション（p.120）金子書房

McRaney, D. (2011). *You Are Not So Smart: Why You Have Too Many Friends on Facebook, Why Your Memory Is Mostly Fiction, and 46 Other Ways You're Deluding Yourself*. Gotham.
　（マクレイニー，D．安原　和見（訳）（2014）．思考のトラップ ―― 脳があなたをダマす48のやり方 ―― 二見書房）

長沼　武志・森本　信也（2015）．自己調整的な理科学習を進めるためのフィードバック機能に関する研究 ―― フィードバックが機能する四つのレベルを意識した授業デザイン ―― 理科教育学研究，*56*(1)，33-45.

真田　茂人（2015）．学習の5つのSTEP　研修講師養成講座（pp.1-7）中央経済社

Senge, P. (1994). *The Fifth Discipline Fieldbook: Strategies for Building a Learning Organization*. Nicholas Brealey Publishing.
　（センゲ，P．柴田　昌治（監訳）スコラ・コンサルタント（監訳）牧野　元三（訳）（2003）．フィールドブック学習する組織「5つの能力」企業変革をチームで進める最強ツール（pp.41-45, 50-62）日本経済新聞社）

Hansen, L. S. (1997). *Integrative Life Planning: Critical Tasks for Career Development and Changing Life Patterns*. Jossey-Bass.
　（サニー・S・ハンセン．平木　典子・今野　龍志・平　和俊・横山　哲夫（監訳）乙須　敏紀（訳）（2013）．キャリア開発と統合的ライフ・プランニング ―― 不確実な今を生きる6つの重要課題 ――（pp.260-261）福村出版）

Super, D. E. (1994). *The Career Development Quarterly 9/1994 From vocational guidance to carer counseling*.
　（全米キャリア発達学会．仙崎　武・下村　英雄（編訳）（2013）．D・E・スーパーの生涯と理論 ―― キャリアガイダンス・カウンセリングの世界の泰斗のすべて ――（pp.126-42）図書文化）

津村　俊充（2012）．人間関係とは何か　プロセス・エデュケーション ―― 学びを支援するファシリテーションの理論と実際 ――（p.217）金子書房

柳原　光・星野　欣生（2003）．人間関係　復刻版クリエイティブ O. D. Vol. Ⅳ（p.318）プレスタイム

柳原　光（2001）．人間関係の四つの次元　星野　欣生・津村　俊充（編）新版 Creative Human Rrlations 小講義集001. 人間関係トレーニングの歴史と理念（p.29-32）プレスタイム

第 6 章

足達 英一郎・村上 芽・橋爪 麻紀子（2018）．ビジネスパーソンのための SDGs の教科書 日経 BP
阿比留 眞二（2016）．最高のリーダーは，チームの仕事をシンプルにする　三笠書房（Kindle 版）
朝日新聞出版　知恵蔵 mini　Retrieved from https://kotobank.jp/dictionary/chiezomini/（2019 年 3 月 10 日）
Finkelstein, S. (2004). *Why Smart Executives Fail: And What You Can Learn from Their Mistakes*. Portfolio.
　（フィンケルシュタイン，S. 橋口 寛，酒井 泰介（訳）（2014）．名経営者が，なぜ失敗するのか？　日経 BP）
橋本 忠明（2018）．リーダーの失敗学　日経 Biz Gate Retrieved from https://bizgate.nikkei.co.jp/article/DGX-MZO2985839026042018000000?fbclid=IwAR1abhH8ZKUzxML4N8O5QgF0IaZh459QvNIOxYJqQwbqtD8n35KQBGWNH2M（2019 年 7 月 2 日）
石田 秀輝・古川 柳蔵（2018）．正解のない難問を解決に導く バックキャスト思考 —— 21 世紀型ビジネスに不可欠な発想法 ——　ワニブックス
川原 慎也（2018）．今度こそ実践できる！ 最強の PDCA　ナツメ社
川喜田 二郎（2017）．発想法 改版 —— 創造性開発のために ——　中央公論新社
Keough, D. (2008). *The Ten Commandments for Business Failure*. Portfolio.
　（キーオ，D. 山岡 洋一（訳）（2014）．ビジネスで失敗する人の 10 の法則　日本経済新聞出版社）
木村 俊昭（2010）．「できない」を「できる！」に変える　実務教育出版
木村 俊昭（2011）．自分たちの力でできる「まちおこし」　実務教育出版
木村 俊昭（2016）．地域創生 成功の方程式 —— できる化・見える化・しくみ化 ——　ぎょうせい
木村 俊昭（2017）．地域創生 実践人財論 —— 真心・恕・志ある汗かき人たち ——　ぎょうせい
小塩 真司（2013）．最新 心理学事典　藤永 保（監）　平凡社
宮本 憲一・中村 剛治郎・横田 茂（編）（1990）．地域経済学　有斐閣
Osborn, A. (2007). *Your Creative Power*. Myers Pr.
　（オスボーン，A. 豊田 晃（訳）（2008）．創造力を生かす —— アイディアを得る 38 の方法 創元社）
リチャード・S・テドロー（著）土方 奈美（訳）（2015）．なぜリーダーは「失敗」を認められないのか　日本経済新聞出版社
鳥原 隆志（2011）．究極の判断力を身につけるインバスケット思考　WAVE 出版
Wiseman, L., & McKeown, G. (2014). *Multipliers: How the Best Leaders Make Everyone Smarter*. Harper Business.
　（ワイズマン，L. マキューン，G. 関 美和（訳）（2015）．メンバーの才能を開花させる技法　海と月社）

あとがき

◆同じことを「繰り返す」という懸念

　近年，学習成果を大きく左右するのは「メソッド（方法）とリフレクション（ふりかえり）」であることがわかり，教育界や人財育成など分野を問わず注目され始めています。その一方で，これまで私たちの誰もが経験したことがないように，学校教育の形態の中では「人間関係づくり」と「コミュニケーション」の学習環境が整えられていない状態が続いています。それにもかかわらず，自分は問題なく「人間関係づくり」と「コミュニケーション」が「できる」と思っている人が多いかのような気配もあります。しかし，"現実"はどうでしょうか。日常で起こる問題の根本原因や，事態の収拾がつかなくなり息詰まる，そのほぼすべてが「人間関係」と「コミュニケーション」の問題に起因すると考えられています。私の思考の中にはこの現状のまま，どのような事柄に取り組んだとしても，世間は同じことを「繰り返す」のではないかという懸念があります。

　では，どのような同じことを「繰り返す」と思うのか。前述したように"現状のまま""変わらない"のですから，あれこれ考えなくても一目瞭然，「変わらない」という現実をただ"繰り返す"ように続いていくのです。例としては，「いじめ」や「子どもの虐待」が繰り返され，後を絶ちません。もはや増える一方の勢いさえ感じられます。また，これまでの日本の地方行政では，予算を付けるから地域で考えてがんばりなさい，を"繰り返す"地域振興策・施策事業の数々をやってきました。今度こそと「地方創生」が政府から叫ばれて久しい昨今です。しかし，今に始まったわけではありませんが，地域の担い手不足という現実が散見され，取り組みどころではないようです。

　人材不足が話題にされて久しい社会福祉事業を担う職場を代表格に，職業の専門化が進展した会社や事業所では，職場の「コミュニケーション」や「人間関係」に不満を募らせて，やむを得ず離職を選択する例が後を絶ちません。さらに，国策「働き方改革」の一端を担う人材として国家資格化された「キャリアコンサルタント」は，地方になればなるほど「転職，再就職」の相談業務だけで生計が成り立つほどの依頼業務はありません。結局は想定されたような活躍の「場」も広がるのはまだまだこれからのようです。どちらの課題も，私からは，組織的な取り組みも創造的な工夫もなされないまま，それぞれの職場や地域で放置状態にさらされているように見えます。これらは全て，「人材確保」をどうするのかの問題だけではなく，どのような「人財育成」を定着させていくのかという課題なのです。

　この本の学習メソッド「人間関係トレーニング（ラボラトリー方式の体験学習）」の指導者星野欣生氏（南山短期大学名誉教授）は，「どのような人間関係をつくるのか，どのようにして人間関係をつくるのか」今一度「原点に戻ってみることも必要ではないか。ハウ・ツーではなく，ひたすら自分を見つめることであり，自分を見つめる方法を探ること」を，著書『人間関係づくりトレーニング（2003，金子書房）』の中で呼びかけています。

　この考え方を支持するこの本は，「学習メソッド（方法）とリフレクション（ふりかえり）」を基盤にする「人間関係トレーニング（ラボラトリー方式の体験学習）」の実践書であることを最大の特徴としています。このメソッドに出会って私は20年を迎えますが，地域の担い手たちに学習の場を提供する際に，今後を担う「人財育成」の基盤づくりに不可欠な学習メソッドとは「ふりかえり

（プロセス・タイム）」を大切にするものである，と考えています。

　この本の特徴は，読者ひとり一人が個人的な環境でも繰り返し活用できることです。これまでの集合型研修や高校や大学などの授業でも，地域や職場の風土づくりでも，教材のコピー・印刷など諸準備も必要なく"今すぐ"活用できます。この本をとおして提供される「人間関係づくり」と「コミュニケーション」に関連した学習体験は，あなたの中で今後の人生が見える"機会"「自己分析から他者理解と相互理解へ」と導いてくれるでしょう。また，これなくして，チームも地域も創れません。今後はこれらの学習が地に足がしっかりついた取り組みになっていく地域と職場なのかどうかが問われることになるでしょう。自分らしいライフ・キャリアをみつめるためにも「ふりかえり（プロセス・タイム）」をとおした一連のプロセスを，ぜひ，体験してみてください。

◆おわりに

　この本の内容は，国家資格「キャリアコンサルタント」を知ったこと，諸先輩による先行研究や参考文献を手にしたことを契機として，私に「トランジション」が起きたことでつくられたものです。

　この本の出版にあたっては，前著同様，先行研究，参考文献などの知見を通して実に多くの方々にご協力をいただきました。この場を借りて厚くお礼申し上げます。特に，木村俊昭先生，船井勝仁先生，吉田久夫先生という各界の著名な3名からご推薦をいただき，誠に光栄に思うしだいです。

　最後に，この本を出版するにあたって，金子書房の井上誠編集部長，編集部木澤英紀さん，営業部の永野和也課長には格別のお世話になりました。誠にありがとうございました。

　　　　　　　　　　　　　　　　　　　　　　　　　編著者　船木　幸弘

監修者紹介

山内　雅恵（やまうち　まさえ）第3章執筆

モア ユアセルフ代表，国家資格キャリアコンサルタント，日本キャリア開発協会認定CDA・キャリアコンサルタント養成講座インストラクター，日本MBTI協会認定ユーザー，東海大学非常勤講師（キャリア科目担当）。
大学卒業後，出版会社に就職し，営業，人事，編集企画を担当。出産退職1年後，1990年教育関連会社に就職。14年間，カリキュラム開発及び指導にあたる。育児相談，研修講師，マネジメントの立場で人事，広報，企画を担当。2004年人材開発会社に入社し，キャリアカウンセラー（2016年4月より国家資格キャリアコンサルタント）および研修講師として従事。学生の進学，就職支援，社会人および民間企業のセミナーおよびカウンセリングを実施。キャリアコンサルタント養成講座を担当し，キャリアコンサルタントの育成に従事。2011年4月「モア ユアセルフ more yourself」名で独立。引き続き上記業務を担当しつつ，東海大学札幌キャンパスにて非常勤講師としてキャリア科目を担当。

〔研修講座等〕
階層別研修・OJT研修・キャリアデザイン・キャリア開発研修・新入社員研修・コミュニケーション・接遇・ビジネスマナー研修・ダイバーシティ・マネジメント研修・就職支援セミナー・キャリアカウンセリング・キャリア教育

〔主要論文等〕
「人財育成に活用する教材の開発研究――ライフ・キャリア教育とラボラトリー方式の体験学習教材の公開――」（共著　2019　人間生活学研究第26号），「転機の選択」『40歳からの仕事 №225』（単著　2007年　北海道アルバイト情報社），「コミュニケーション力を上げて，話し上手・聴き上手になろう」『40歳からの仕事 №218』（単著　発行年2007年　北海道アルバイト情報社）

編著者紹介

船木　幸弘（ふなき　ゆきひろ）第1章，第4章，第5章，および第2章，第3章のエクササイズを執筆

藤女子大学人間生活学部准教授，修士（社会福祉学），国家資格キャリアコンサルタント，日本キャリア開発協会認定CDA，社会福祉士。
東北福祉大学大学院（通信制）総合福祉学研究科修了。専門領域は人間関係トレーニング，キャリア開発・教育，ソーシャルワーク方法論（対人支援専門職育成と地域活動支援），ボランティアマネジメント。現在はこれらの専門領域を地域創生，人材育成プログラミング，組織開発（特にOD）に活かした活動に取り組む。地方公務員（士幌町役場，社会福祉協議会，北海道保健福祉部など），弘前学院大学社会福祉学部などを経て現在は藤女子大学人間生活学部准教授。公職として北海道石狩市社会教育委員。

〔研修講座等〕
「福祉施設等ボランティア受け入れ担当者研修（入門編・実践編）」（講師　札幌市社会福祉協議会），「職員研修」（講師　和光市ほか地方自治体），キャリアコンサルタントや地域づくりの担い手支援など。

〔主要図書〕
『Off-JTに活用する人間関係づくりトレーニング』（単著　2017　金子書房），『石狩市に提言！「フィールドワークⅠ」藤女子大学の授業をとおして』藤女子大学人間生活学部公開講座シリーズ［イッカヌンクル］第3巻（単著　2014　六曜社），『子どもの育ちと人間関係』（共著　2009　保育出版社）

〔主要論文〕
「人財育成に活用する教材の開発研究――ライフ・キャリア教育とラボラトリー方式の体験学習教材の公開――」（共著　2019　人間生活学研究第26号），「キャリア教育に活用する『自己概念，価値観』を広げる学習教材：キャリア教育用のラボラトリー方式の体験学習教材の公開」（単著　2018　人間生活学研究第25号），「生活と仕事上の課題と価値観の自己検討教材：ラボラトリー方式の体験学習の教材研究」（単著　2017　人間生活学研究第24号），「職場のコミュニケーションと組織マネジメントの留意点」（単著　2016　藤女子大学QOL研究所），「自己覚知を促進する演習教育のあり方の検討」（単著　2011　北海道社会福祉研究第31号）

著者紹介

木村　俊昭（きむら　としあき）第6章執筆

東京農業大学教授，博士（経営学），日本地域創生学会会長，実践総合農学会理事。

1984年小樽市入庁。小樽市産業振興課長・産業港湾部副参事（次長職），2006年から内閣官房・内閣府企画官，2009年から農林水産省企画官等を経て，現在，東京農業大学教授・博士（経営学），東京大学客員教授。

内閣官房シティマネージャー，日本地域創生学会会長，実践総合農学会理事等として，大学・大学院講義のほか，地域創生リーダー・プロデューサー人財塾の開塾，国内外において命育から「五感六育®」事業構想の実現，講演・現地アドバイス等を実践中。NHK番組プロフェッショナル「仕事の流儀　公務員　木村俊昭の仕事」，新報道2001，BSフジ・プライムニュース，日経プラス10，ラジオ日本などに出演。

現在，地場産業振興に貢献する地元企業の事業承継に関する調査，「五感六育®」に関する独自の地域創生アニメ（2018・5分）の作成を終え，次は親子で地域を考える絵本，地域で汗する「ひと」を取り上げた脚本から映画の制作，心をひとつにして熱く歩む地域創生ソングの作曲・作詞や小説を作成中。

〔主要図書〕

『地域創生の真実――「五感六育®」の全体最適な「立体的ストーリー政策」の創発――』（単著　2021　農の蔵文庫），『地域創生の本質――イノベーションの軌跡――』（単著　2020　ぱるす出版），『地域創生　実践人財論――真心・恕・志ある汗かき人たち――』（単著　2017　ぎょうせい），『地域創生　成功の方程式――できる化・見える化・しくみ化――』（単著　2016　ぎょうせい），『「できない」を「できる！」に変える』（単著　2010　実務教育出版），月刊誌『毎日フォーラム』等に連載，論文ほか多数。

森谷　一経（もりや　かずつね）第2章執筆

開智国際大学国際教養学部教授，博士（生物産業学）。

慶應義塾大学大学院　政策・メディア研究科　後期博士課程　所定単位取得退学。

博士（生物産業学）（東京農業大学）。

専門領域はキャリア教育と大学生の金融リテラシーの醸成に関する研究。

所属学会は日本インターンシップ学会，日本ビジネス実務学会，日本リメディアル教育学会。

地域連携を通じた街づくりにも取り組む。元北海道恵庭市人材確保計画策定委員会委員長。

〔主要図書〕

『基礎からの経営学』（共著　2020　みらい），『人材育成ハンドブック』（共著　2019　金子書房）

〔主要論文〕

「Examining the Importance of Gaining Financial Knowledge through a Career Development Process in Upper Secondary Education」（単著　2018　International Journal of Management Sciences and Business Research, Vol.7_9），「The Effectiveness of a Project Manager for Risk Management in a Career Education Project」（単著　2014　Creative Education Vol. 5　No. 8），「キャリア教育を取り巻く諸政策を各種答申から読む――キャリア教育におけるアドミニストレーターを考える――」（単著　2013　大学アドミニストレーション研究 Vol. 3）

人間関係づくりとコミュニケーション
自己分析から他者理解と相互理解へ

2019年9月20日　初版第1刷発行　　　　　　　　　　　検印省略
2022年7月28日　初版第3刷発行

監　修	山内　雅惠
編著者	船木　幸弘
著　者	木村　俊昭
	森谷　一経
発行者	金子　紀子
発行所	株式会社　金子書房

　　　　　〒112-0012　東京都文京区大塚3-3-7
　　　　　電話　03(3941)0111(代)　FAX　03(3941)0163
　　　　　振替　00180-9-103376
　　　　　ホームページ　https://www.kanekoshobo.co.jp
似顔絵　ゆき(Dosanco Slala Pro)
印　刷　藤原印刷株式会社　　製　本　一色製本株式会社

©Masae Yamauchi, Yukihiro Funaki, Toshiaki Kimura, Kazutsune Moriya 2019
ISBN978-4-7608-3039-8　C3011
Printed in Japan

金子書房の関連図書

Off-JTに活用する人間関係づくりトレーニング

星野欣生 監修
船木幸弘 著

7つのキーワードをもとに人間関係づくりをわかりやすく学べます。「体験学習」のプロが厳選した個人でもグループでも活用できる14のエクササイズは,「自己分析」,「マネジメント」,「コミュニケーションの棚卸し」や本書のオリジナルの「ルーブリック」を掲載。明日からでも活用できる体験学習の実践書。

■目次
1. むきあう──ことが起きて自分に出会う
2. 気づく──俯瞰することからみえる
3. わかる──相手の心に伝える
4. かかわる──ひとりではリーダーになれない
5. みとおす──ことの本質を見抜いていく
6. 協働する── 場をたがやす時を共にする
7. きめる──直感や感情に支配されずに判断する

B5判・184頁